A escravidão no Brasil
Relações sociais, acordos e conflitos

A escravidão no Brasil
Relações sociais, acordos e conflitos

Douglas Cole Libby

Professor do Departamento de História e do Programa de Pós-Graduação em História da Universidade Federal de Minas Gerais (UFMG). Doutor em História pela Universidade de São Paulo (USP); estudos pós-doutorais na Stanford University (EUA). Autor de *Transformação e trabalho em uma economia escravista* (Brasiliense, 1988) e co-autor de *A economia do Império brasileiro* (Atual, 2004).

Eduardo França Paiva

Professor do Departamento de História e do Programa de Pós-Graduação em História da Universidade Federal de Minas Gerais (UFMG). Pesquisador do Conselho Nacional de Desenvolvimento Científico e Tecnológico (CNPq) e do Centro de Pesquisas sobre os Mundos Americanos (Cerma/França). Doutor em História pela Universidade de São Paulo (USP). Autor de *Escravos e libertos nas Minas Gerais do século XVIII* (Annablume, 1995) e *Escravidão e universo cultural na Colônia* (EdUFMG, 2001).

2ª edição

Edição reformulada

© DOUGLAS COLE LIBBY E EDUARDO FRANÇA PAIVA 2005
1ª edição 2000

COORDENAÇÃO EDITORIAL Lisabeth Bansi
EDIÇÃO DE TEXTO Ademir Garcia Telles
PREPARAÇÃO DE TEXTO Lellis Assessoria Editorial S/C Ltda.
COORDENAÇÃO DE PRODUÇÃO GRÁFICA André da Silva Monteiro
COORDENAÇÃO DE REVISÃO Estevam Vieira Lédo Jr.
REVISÃO Jane dos Santos Coelho Taniguchi
EDIÇÃO DE ARTE, PROJETO GRÁFICO E CAPA Ricardo Postacchini
DIAGRAMAÇÃO Camila Fiorenza Crispino
FOTO CAPA *Venda em Recife*, Rugendas
COORDENAÇÃO DE PESQUISA ICONOGRÁFICA Ana Lucia Soares
PESQUISA ICONOGRÁFICA Luciano Banezza Gabarron
As imagens identificadas com a sigla CID foram fornecidas pelo Centro de Informação e Documentação da Editora Moderna.
CARTOGRAFIA Alessandro Passos da Costa, Aline Pellissari Antonini Ruiz, Rodrigo Carraro Moutinho
COORDENAÇÃO DE TRATAMENTO DE IMAGENS Américo Jesus
TRATAMENTO DE IMAGENS Fábio N. Precendo
SAÍDA DE FILMES Helio P. de Souza Filho, Marcio Hideyuki Kamoto
COORDENAÇÃO DE PRODUÇÃO INDUSTRIAL Wilson Aparecido Troque
IMPRESSÃO E ACABAMENTO PSP Digital
LOTE 291789

Dados Internacionais de Catalogação na Publicação (CIP)
(Câmara Brasileira do Livro, SP, Brasil)

Libby, Douglas Cole, 1948-
A escravidão no Brasil : relações sociais, acordos e conflitos / Douglas Cole Libby, Eduardo França Paiva. — 2. ed. — São Paulo : Moderna, 2005. — (Coleção polêmica)

1. Escravidão - Brasil - Aspactos sociais 2. Escravidão - Brasil - História 3. Trabalho escravo - Brasil - I. Paiva, Eduardo França, 1964-. II. Título. III. Série.

04-8671   CDD-373.8981

Índices para catálogo sistemático:
1. Brasil : Escravidão : História : Ensino médio 373.8981
2. Escravidão : Brasil : História : Ensino médio 373.8981

ISBN 85-16-04481-5

Reprodução proibida. Art.184 do Código Penal e Lei 9.610 de 19 de fevereiro de 1998.

Todos os direitos reservados

EDITORA MODERNA LTDA.
Rua Padre Adelino, 758 - Belenzinho
São Paulo - SP - Brasil - CEP 03303-904
Vendas e Atendimento: Tel. (011) 2790-1300
Fax (011) 2790-1501
www.modernaliteratura.com.br
2020

Impresso no Brasil

1   3   5   7   9   10   8   6   4   2

Em memória de nossos pais: Russell e Paiva.

Os autores gostariam de agradecer a colaboração recebida durante a elaboração deste livro por parte de Marcus Venício T. Ribeiro, Mary Del Priore, Renaldo Duque Brasil Landulfo Teixeira, Roseane Cavalcante da Silva e Thaís Nívia de Lima e Fonseca. Suas sugestões foram realmente importantes para o nosso trabalho.

Sumário

INTRODUÇÃO 8
  Visões da escravidão 8
  Alguns conceitos básicos... 11

1. A implantação do escravismo no Brasil....................... 14
  Os primeiros tempos.. 14
  O tráfico negreiro 18
  Aspectos demográficos da população escrava 25

2. O escravo e o mundo do trabalho................................... 28
  O engenho de açúcar... 28
  A diversidade do trabalho escravo 31

3. As relações sociais no mundo escravista 43
  Os homens livres e a escravidão 43
  As relações senhor-escravo 45
  Escravos trabalhando para si 49

4. Acordos e conflitos na sociedade escravista 51
  Libertação e reprodução no sistema escravista................... 51
  Resistências à escravidão.. 56

**5. Fim da entrada de africanos e
novos arranjos nacionais** 67
  Suprimindo o tráfico negreiro para o Brasil 67
  O tráfico interno de escravos 73

6. Rumo a um Brasil sem escravidão 76
  O movimento abolicionista 76
  Últimos suspiros: a vitória abolicionista 81

CONSIDERAÇÕES FINAIS 84

GLOSSÁRIO 87

BIBLIOGRAFIA 91

Introdução

Visões da escravidão

A escravidão constituiu o principal modo de trabalho no Brasil desde o início da colonização portuguesa, no século XVI, até as últimas décadas do século XIX. Quase quatrocentos anos de escravidão marcaram profundamente a história de nosso país e para compreender seu passado é preciso conhecer melhor esse sistema de **trabalho compulsório*** que escravizou milhões de africanos e seus descendentes. Poderemos, então, pensar melhor sobre o Brasil de hoje.

Os filmes, as telenovelas, os romances e mesmo a maioria dos livros didáticos mostram uma escravidão caracterizada, sobretudo, pelo duro tratamento dispensado pelos senhores (e senhoras) aos seus escravos (e escravas), muitas vezes com atos de crueldade. O chicote e muitos outros instrumentos de tortura teriam sido usados, com frequência, para manter a disciplina dos escravos, geralmente submissos, mas, por vezes, rebeldes. As longas horas de trabalho duro nas plantações ou nas minas geravam as exportações que sustentavam o Brasil. Os escravos recebiam uma alimentação pouco adequada e roupas que mal cobriam seus corpos. O destino dos africanos, brutalmente arrancados de seus lares no outro lado do Oceano Atlântico, era uma exploração sem limites, que só chegaria ao fim em 13 de maio de 1888, com um gesto pretensamente bondoso da princesa Isabel: a famosa Lei Áurea. Estava extinto o último sistema de trabalho escravo no mundo ocidental.

Essa imagem da escravidão é alicerçada, de modo geral, em estudos históricos que se preocupam em denunciá-la como uma espécie de crime cometido por muitos de nossos antepassados, sem jamais considerar que épocas diferentes desenvolvem valores sociais e culturais também diferentes. E que fique claro, desde já: essa afirmativa não significa negar a

---
* As palavras e as expressões em negrito são definidas no Glossário, na página 87.

violência e a crueldade intrínsecas ao ato de escravizar alguém. Estamos preocupados em estudar e compreender uma época, levando em consideração, da maneira mais fiel possível, os valores, as ideias e as práticas desse período. Tais estudos históricos mostram o escravo ora como vítima, apenas, ora como uma coisa (e não como gente), sem personalidade e vontade próprias. De acordo com eles, o sistema escravista foi mantido na base do castigo e da violência.

Podemos afirmar que muitos desses estudos são superficiais e criaram imagens simplificadas de uma realidade bem mais complexa. Seus autores usaram uma parte muito pequena dos milhões de documentos, ainda existentes, que nos permitem conhecer o dia a dia de escravos e de senhores. Muitos dos documentos por eles consultados foram produzidos por altos funcionários públicos e observadores da própria época, mais preocupados em mostrar como a escravidão "deveria ser", e não como "realmente era". Outros estudiosos (inclusive historiadores) procuraram encaixar nosso passado em certos modelos teóricos e, assim, chegaram a simplificações distorcidas, como, por exemplo, o escravo-coisa.

Você encontrará aqui uma visão muito diferente sobre a escravidão. Pretendemos evitar os modelos teóricos e valorizar os resultados de estudos e de pesquisas recentes, que se basearam em uma grande quantidade e variedade de documentos históricos.

Não se pode negar que a maior vítima da escravidão foi o próprio escravo, mas é inaceitável que ele continue sendo visto apenas como vítima, seja em textos escolares, seja em filmes ou programas de televisão, todos insistindo em negar-lhe um papel ativo na construção de sua própria história. Demonstraremos, então, como os escravos, os senhores brancos, os alforriados e os demais homens livres construíram uma sociedade escravista, com toda a sua complexidade. Veremos que houve muitos conflitos e também acordos entre eles. Alguns escravos ficaram famosos por lutar pela liberdade — como é o caso de Zumbi, líder do Quilombo dos Palmares, e da esperta Chica da Silva —, mas a maioria permaneceu no cativeiro até a morte. Mesmo assim, todos atuaram na construção daquela sociedade e influenciaram na formação de costumes e de valores culturais, vários deles presentes entre nós até hoje: comida, música, religiosidade, trabalho, organização social, linguagem e conhecimento técnico.

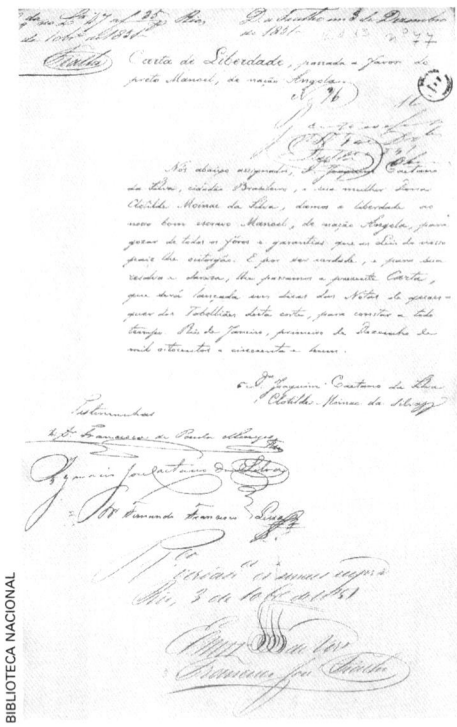

A alforria era um objetivo generalizado entre os escravos. A carta de alforria era o documento que comprovava a libertação alcançada.

Transcrição de carta de alforria de 1851.

Carta de Liberdade, passada a favor do preto Manoel, de nação Angola.

Nós abaixo assignados, Doutor Joaquim Caetano da Silva, cidadão Brasileiro, e sua mulher Dona Clotilde Moinac da Silva, damos a liberdade ao nosso bom escravo Manoel, de nação Angola, para gozar de todos os fóros e garantias que as Leis de nosso paiz lhe outorgão. E por ser verdade, e para sua resalva e clareza, lhe passamos a presente Carta, que será lançada em duas das Notas de qualquer dos Tabelliães desta corte, para constar a todo tempo. Rio de Janeiro, primeiro de Dezembro de mil oitocentos e cincoenta e hum.

Doutor Joaquim Caetano da Silva
Clotilde Moinac da Silva

Alguns conceitos básicos

Antes de mais nada, torna-se necessário esclarecer alguns conceitos que serão empregados no decorrer do texto. A escravidão foi uma "instituição social de trabalho compulsório", na qual o próprio trabalhador era uma mercadoria (comprado e vendido, alugado, emprestado, penhorado, doado, leiloado). Isso significa que não havia escravo sem proprietário e que, naturalmente, o senhor de escravos ocupava um lugar de destaque especial na sociedade escravista. Significa também que, pelo menos na teoria, o trabalho do escravo foi recompensado apenas com **habitação, alimentação** e **vestimenta**. Veremos, entretanto, que na realidade o escravo quase sempre soube obter de seu proprietário bem mais do que a mera sobrevivência.

Não resta dúvida de que, em última instância, o trabalho compulsório, com base na propriedade do trabalhador, só foi possível por meio do emprego da força física — daí a inevitável natureza violenta da escravidão. É igualmente inegável que a relação entre senhor e escravo — relação esta obviamente central em qualquer análise da escravidão — foi intermediada por vários tipos de negociação explícita ou implícita, em que cada lado buscava tirar vantagens. A negociação se dava no âmbito particular do engenho, da fazenda, da casa ou da **lavra mineral** do senhor. O Estado raramente se intrometia na relação senhor-escravo, e os interesses privados pesavam mais que os públicos. Quando o trabalho escravo predominava nos setores mais dinâmicos da economia e determinava o ritmo de desenvolvimento da sociedade como um todo, formava-se o que chamamos de "sistema" ou "regime escravista" ou, ainda, "escravismo".

Obviamente, a escravidão foi uma condição necessária para a consolidação do escravismo, mas não a única. Em todas as colônias espanholas do **Novo Mundo**, e mesmo nos países da Península Ibérica, existiu escravidão, mas não se pode falar em sistema escravista nesses lugares, a não ser em nível regional e, mesmo assim, por períodos relativamente curtos. Portanto, os termos "escravismo" e "sistema escravista" referem-se, na era moderna, à América Portuguesa (boa parte do território que hoje forma o Brasil), às várias colônias europeias nas ilhas do Caribe e à região conhecida como Velho Sul dos Estados Unidos.

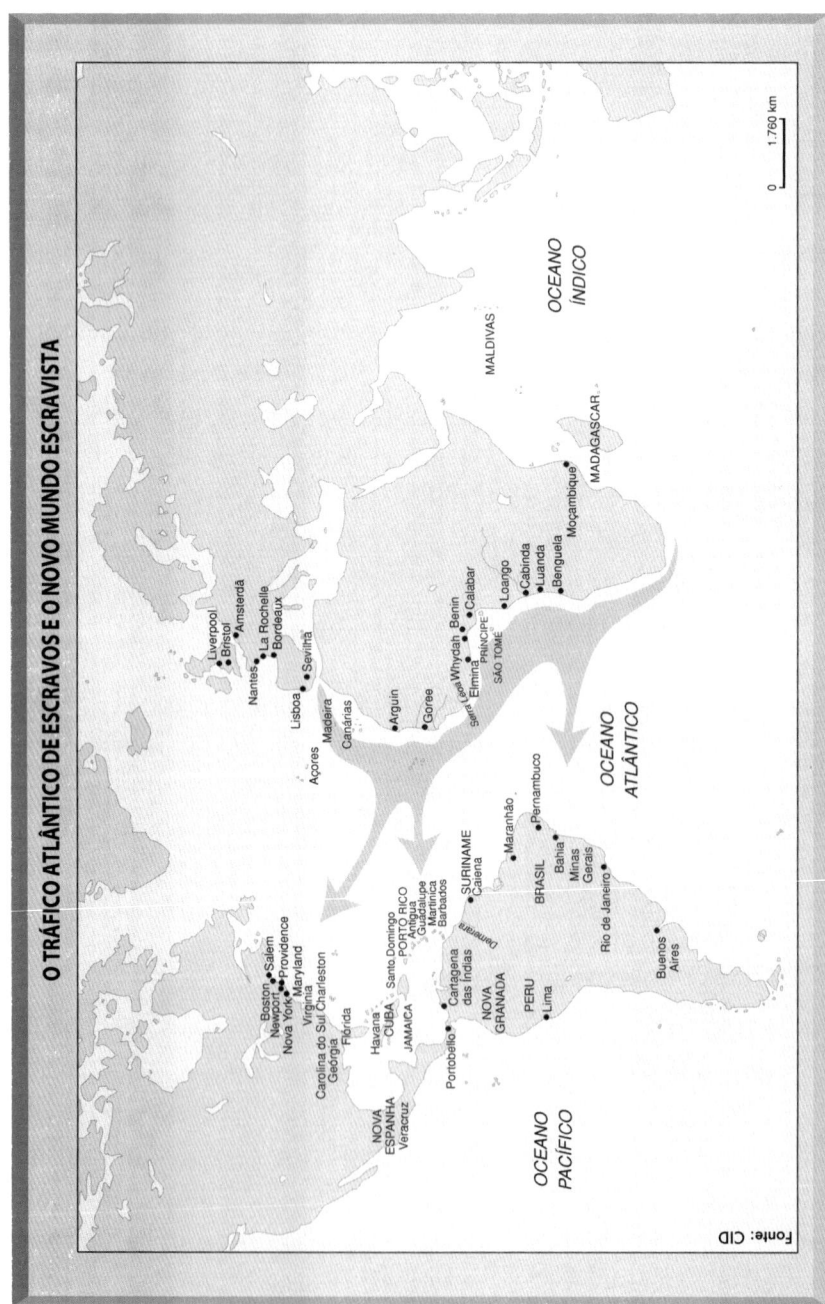

O comércio atlântico de africanos envolveu várias regiões na África, na Europa e na América. No mapa aparecem os principais locais de saída dos escravos, os portos de desembarque e as áreas consumidoras, além dos centros que financiavam o tráfico na Europa e na América do Norte.

A escravidão é uma instituição que existe desde a pré-história. Na verdade, existiu ao longo de toda a história, quando se combinavam a possibilidade de lucrar com algum tipo de atividade e uma crônica escassez de mão de obra; neste caso, a solução foi organizar um sistema de trabalho compulsório, muitas vezes alicerçado na escravidão. A Antiguidade conheceu vários sistemas escravistas, como, por exemplo, o da Grécia Clássica e o do mundo romano ocidental. Os escravos eram majoritariamente brancos (camponeses endividados, prisioneiros de guerra ou importados do Oriente), e a escravidão predominava na agricultura comercial, além de ter sido largamente empregada nos transportes marítimos, na mineração e nos ofícios artesanais. Com o colapso do Império Romano, a partir do século III, a escravidão na Europa tornou-se, gradativamente, uma maneira pouco usual de organização do trabalho, embora não tenha desaparecido por completo, particularmente na Península Ibérica.

1. A implantação do escravismo no Brasil

Desde o século XVI, a mão de obra escrava foi usada nas terras portuguesas do Novo Mundo. Inicialmente, escravizou-se o índio, mas os africanos foram, em seguida, introduzidos em grande quantidade por meio do tráfico atlântico, uma atividade comercial lucrativa. Durante o período em que a escravidão perdurou nas Américas, o Brasil foi o destino mais importante dos africanos comercializados pelo tráfico.

Os primeiros tempos

O escravismo moderno, que viria a caracterizar boa parte do Novo Mundo colonial, encontra suas raízes históricas na multissecular trajetória da produção açucareira da Ásia Menor. Passa por ilhas e penínsulas do Mar Mediterrâneo, até chegar às ilhas do Atlântico europeu e africano. Nesse percurso, a atividade açucareira incorporou escravos oriundos de diversas regiões da Europa Oriental, da Ásia Menor e do Norte da África. Na primeira metade do século XV, o cultivo da cana e o refino do açúcar desenvolveram-se na região do Algarve, no sul de Portugal, e daí transferiram-se para uma sucessão de ilhas do Atlântico: Madeira e Canárias e, mais tarde, Cabo Verde e São Tomé. Já nesse período, graças à penetração comercial de mercadores portugueses em uma crescente faixa litorânea da África Ocidental, a associação entre a produção açucareira e a escravidão negra foi se consolidando. Após a chegada dos portugueses ao Brasil, a transferência das técnicas de produção do açúcar e da organização do trabalho escravo para as novas terras coloniais foi uma questão de tempo.

O açúcar era o "ouro branco" da colônia, e durante o século XVII o Brasil foi seu maior produtor mundial. O mecanismo de moagem dos engenhos era movido por energia humana, animal ou hidráulica. Na imagem, podemos observar um exemplo do chamado "engenho real", acionado por uma roda d'água. Tratava-se da tecnologia mais avançada existente na época. Podemos observar, ainda, toda a complexidade dessa unidade produtiva, como, por exemplo, a existência de vários tipos de animais, a participação de mulheres escravas no trabalho de moagem e, na varanda da casa, a produção em sua forma cônica: os pães de açúcar. (*Engenho de açúcar*, Rugendas.)

Não se pode precisar quando — nem onde — o primeiro escravo africano teria pisado nas terras portuguesas da América. Esse evento não registrado ocorreu, provavelmente, logo no início do século XVI, em Pernambuco, na Bahia ou no Rio de Janeiro. É quase certo, porém, que esse primeiro escravo nada sabia sobre a produção açucareira. Nossa personagem anônima deve ter sido um escravo doméstico que veio servindo seu senhor fidalgo, figura esta relativamente comum nos primeiros tempos coloniais. Nessa época, seguiam-se aqui os padrões de Portugal, onde, excluída a indústria açucareira, os escravos ficavam concentrados no serviço doméstico e nas oficinas de artesanato.

Quanto ao açúcar, há registro de que uma pequena quantidade do produto brasileiro chegou ao porto de Antuérpia, no Norte da Europa, já em 1519. Somente para o período compreendido entre 1530 e 1550 é que se pode falar na implantação de uma indústria açucareira no País. Nas terras de Pernambuco e em São Vicente (hoje município do estado de São Paulo), a paisagem incorporou extensos canaviais e engenhos para a preparação da matéria-prima. Um pouco mais tarde, o Recôncavo Baiano tornar-se-ia um importante centro de produção.

Até o último quartel do século XVI, no entanto, a presença do escravo de origem africana foi mínima. A grande demanda por mão de obra foi suprida com a escravização de povos nativos, chamados de índios pelos portugueses, que habitavam o litoral ou as regiões interioranas mais próximas da costa.

Os índios foram escravizados em grande número na América portuguesa antes da chegada dos africanos. A prática de subjugar os nativos americanos, mesmo que proibida, arrastou-se até o século XIX. (*Maloca dos índios Curutus*, desenho aquarelado, do século XVIII, retirado de *Viagem histórica às capitanias do Grão-Pará*, de Alexandre Rodrigues Ferreira.)

Durante o século XVI, a ocupação do planalto paulista foi incentivada pela organização de grandes caçadas aos nativos que habitavam a área. Os capturados eram comercializados no litoral próximo, e até mesmo mais ao norte da colônia, ou utilizados na produção de alimentos básicos (inclusive trigo) na própria região. Apesar das repetidas proibições impostas pela Coroa portuguesa, a escravidão indígena foi praticada no Brasil até o século XIX. O assunto foi estudado por autores como John Monteiro, Stuart Schwartz e Sérgio Buarque de Holanda, entre outros.

Há registros, a partir de 1550, de doenças trazidas pelos europeus e também pelos africanos, tais como varíola, rubéola e tifo, que dizimaram tanto a população indígena escravizada como a livre. Essa população era desprovida de defesas imunológicas contra tais enfermidades, até então desconhecidas por ela.

Uma das primeiras representações do Brasil em mapa. É clara a intenção de mostrar a chegada dos portugueses, em suas caravelas, às terras recentemente conquistadas — de natureza exuberante e habitadas por gente de costumes diferentes dos do europeu. (Parte do Atlas Miller, 1519, de Lopo Homem-Reineis.)

Apesar da perda de dezenas de milhares de índios escravizados ao longo dos quarenta anos seguintes, os senhores de engenho e plantadores de cana resistiam à ideia de adquirir escravos africanos, pois eles eram bem mais caros que os nativos. Aos poucos, porém, a resistência física e a adaptação ao trabalho por parte do escravo africano foram reconhecidas, compensando seu preço elevado. Assim, colonos brasileiros passaram a disputar, com empreendedores espalhados pela América espanhola, os escravos africanos traficados principalmente pelos portugueses. A partir daí, a escravidão indígena perdia espaço e nascia o primeiro sistema escravista das Américas com base no trabalho de africanos: o sistema brasileiro.

O tráfico negreiro

O tráfico negreiro abasteceu os sistemas escravistas americanos durante séculos. Os empreendimentos alicerçados no trabalho do escravo africano dependiam de suprimentos regulares de "peças novas" (termo usado, na época, para designar os cativos recém-chegados da África).

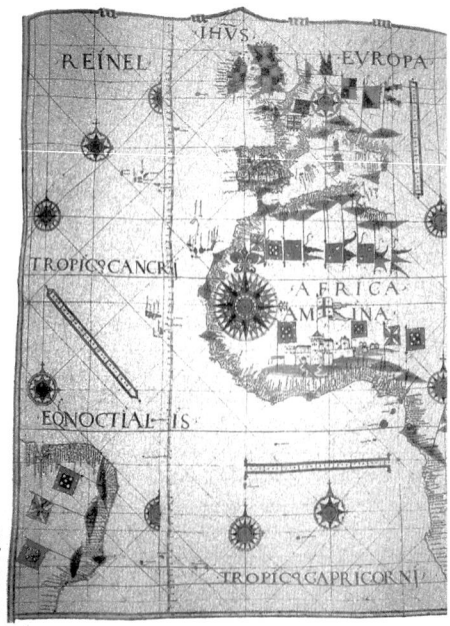

A cartografia portuguesa do século XVI era uma das mais importantes da Europa. Deve-se a ela, por exemplo, a elaboração dos primeiros perfis geográficos mais corretos da África. Neste mapa, encontram-se destacadas as possessões lusas no Novo Mundo e em território africano, onde está representado o Castelo de São Jorge da Mina. (Carta de Jorge Reinel, c. 1540.)

Para entender melhor o tráfico negreiro é preciso começar pela África, onde a escravidão já existia havia muitos séculos. A parte ocidental do continente africano era, e continua sendo, marcada por uma imensidão territorial e por diversidades geográficas, étnicas e linguísticas. De lá sairia a maior parte das "peças" traficadas para o Novo Mundo. Antes mesmo de os europeus chegarem à África Ocidental, já existiam variadas formas de escravidão, que, aliás, estenderam-se até o início do século XX. Predominavam os trabalhos domésticos e os artesanais; porém, houve importantes empreendimentos escravistas agrícolas e mineratórios, muito similares aos do Novo Mundo. De qualquer modo, o comércio de escravos na África é bem anterior ao tráfico negreiro praticado por europeus. Estes últimos aproveitaram a organização comercial já existente para consolidar seu novo negócio internacional. Ambos, entretanto, expandiram-se enormemente a partir do século XVI, e a captura de escravos estendeu-se para regiões interioranas cada vez mais distantes do litoral oeste da África. Assim, os africanos que chegaram ao Brasil tinham as mais variadas origens.

Geralmente, após chegar ao litoral brasileiro, os escravos eram classificados de acordo com o porto de embarque na África. Torna-se então muito difícil identificar os verdadeiros locais de origem desses homens e mulheres. Regiões pertencentes aos atuais territórios de Angola, Nigéria, Congo e Guiné foram as maiores fornecedoras de escravos, assim como áreas do atual Moçambique, incorporadas ao tráfico negreiro no século XVIII.

Esta é uma representação dos habitantes do sul da África, elaborada pelos portugueses no século XV. (*Cafres do Cabo de [Boa] Esperança*, retirado do Códice 1889, da Biblioteca Casanatense de Roma.)

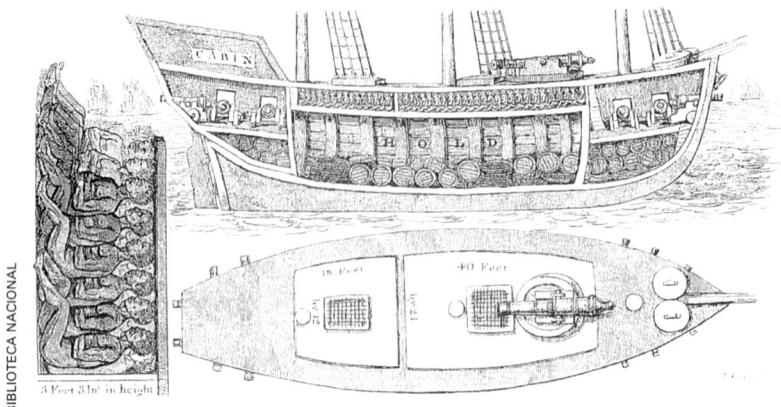

Os navios negreiros eram chamados, também, de "tumbeiros", uma referência à grande quantidade de escravos mortos durante a travessia atlântica. Os relatos sobre o modo como eram transportados os escravos nesses navios e as ilustrações existentes sobre a acomodação deles no espaço físico das embarcações trazem, por vezes, alguns exageros, criados, principalmente, durante o século XIX. (Robert Walsh, 1828.)

O comércio — é claro — está sujeito a leis de oferta e de procura e, no caso, foram as diversas sociedades africanas e suas respectivas culturas que determinaram a oferta disponível de mais homens que mulheres para o tráfico negreiro. Como se dava preferência ao trabalho feminino para as tarefas agrícolas, essenciais à sobrevivência das comunidades na África, a oferta sempre foi majoritariamente masculina. Ao longo de todo o período do tráfico negreiro, para cada dois homens adultos traficados uma mulher também era escravizada. Já a participação de crianças até 12 anos de idade foi muito reduzida.

Como qualquer outro comércio, o tráfico negreiro especializou-se ao longo do tempo. Era altamente internacionalizado. A mercadoria escrava era trocada nos **entrepostos** africanos por manufaturados europeus, especialmente por armas e utensílios domésticos, pelos muito apreciados panos de algodão produzidos na Índia e até por aguardente e rolos de fumo procedentes do Brasil. O desenho dos próprios navios negreiros evoluiu de acordo com suas funções específicas e, no caso do tráfico para a América portuguesa, a construção das embarcações cada vez mais se fazia em estaleiros da Colônia.

Os comerciantes envolvidos no tráfico negreiro também constituíam um grupo específico, composto por famílias de origem portuguesa e brasileira, geralmente residentes na África, e, também, por comerciantes instalados no Brasil. Na verdade, a partir do século XVIII, o negócio que se convenciona chamar de tráfico negreiro português tinha muito pouco de português. Ademais, com os navios negreiros zarpando diretamente de portos africanos e brasileiros fica difícil manter a afirmação de que o **comércio triangular** era o ponto-chave do sistema colonial.

A experiência da travessia do Atlântico só pode ser descrita como um horror. Os cativos passavam a maior parte do tempo acorrentados e confinados num espaço mínimo. As condições de higiene eram rudimentares e, em consequência, o ambiente fechado do navio negreiro tornava-se cada vez mais pestilento no decorrer da viagem.

À mercê dos ventos e das tempestades tropicais, que alongavam a viagem além do tempo previsto, e sujeitos a surtos de epidemias, alguns desses navios perdiam grande parte de sua carga humana. Nesses casos excepcionais, a maioria dos africanos aprisionados morria antes de chegar ao Novo Mundo. Em viagens mais tranquilas, o número de mortes era bem menor e existem fortes evidências de que, com o passar dos séculos, morriam cada vez menos africanos em trânsito. Ainda assim, as taxas de mortalidade no tráfico negreiro jamais foram igualadas por qualquer empreendimento de transporte de seres humanos conhecido na história.

O porto de Salvador foi o mais importante da colônia até meados do século XVIII. Os africanos vindos escravizados da região da Costa da Mina para o Brasil entraram, predominantemente, por esse porto. Obra do século XVII.

A alimentação e as condições de salubridade nos porões dos navios negreiros eram muito precárias. Esses fatores concorreram para a alta taxa de mortalidade durante as travessias entre a África e a América. (*Negros no porão do navio,* Rugendas.)

> No transporte de negros de Angola para o Estado do Brasil os carregadores e capitães dos navios têm a prática escandalosa de colocá-los a bordo tão juntos uns dos outros que não só lhes falta a necessária facilidade de movimento indispensável à vida (...) mas devido à condição de superlotação em que viajam muitos morrem, e aqueles que sobrevivem chegam em estado deplorável.
>
> Decreto Real, Lisboa, 1684.
> Citado por CONRAD, Robert. *Tumbeiros — O tráfico de escravos para o Brasil.*
> São Paulo, Brasiliense, 1985. pp. 52-53.

Após a chegada ao Brasil, os africanos geralmente passavam por um período de recuperação antes de serem colocados à venda. Normalmente, os negócios eram realizados por meio de leilões promovidos nos mercados de escravos que marcavam a paisagem urbana do período.

Sabe-se muito pouco sobre o sistema de distribuição da mercadoria escrava pelas regiões brasileiras. A partir do início do século XVIII, a intensificação da ocupação das terras do interior da colônia fez surgir negociantes especializados conhecidos como **comboieiros**. Eles conduziam grandes grupos de africanos recém-chegados até, principalmente, as regiões de mineração. Parece que os **tropeiros**, que arriscavam seu capital na compra de pequenos lotes de escravos, também desempenharam um relevante papel na comercialização de africanos nas áreas interioranas. Independentemente da maneira como chegavam, o fato é que, do final do século XVII em diante, raros eram os povoados onde não existissem pelo menos alguns escravos, africanos ou não.

Parcela substantiva dos africanos que chegavam à colônia era exposta publicamente em mercados, onde seus futuros senhores ou representantes deles os escolhiam e os compravam. (*Mercado de negros*, Rugendas.)

Depois de comprados, os escravos eram transportados a pé para as regiões interioranas. Tropeiros e grandes traficantes se encarregavam do abastecimento de cativos a essas áreas. (*Transporte duma leva de negros*, Rugendas.)

Para termos uma ideia da dimensão do escravismo na América portuguesa, examinemos alguns dados sobre o gigantesco tráfico negreiro internacional, que durou três séculos e meio. Durante esse tempo, cerca de 12 milhões de negros foram embarcados nos portos africanos e transportados, como escravos, para as Américas. Desse total, cerca de 38% — isto é, um número próximo a 4,5 milhões — foram trazidos para o Brasil.

Ao longo de quase toda a história da escravidão moderna, o Brasil teve a maior população escrava entre todas as regiões que adotaram esse tipo de trabalho compulsório. Porém, nas primeiras décadas do século XIX, os estados sulistas dos Estados Unidos passaram a ter mais cativos que o Brasil: é que os escravos norte-americanos atingiram, pelo menos a partir de meados do século XVIII, altíssimas taxas de **reprodução natural**, diferentemente do que, no geral, acontecia no Brasil. Por outro lado, é preciso lembrar que a concessão de alforrias nos estados escravistas dos Estados Unidos era rara e, portanto, a população livre descendente de africanos era muito menor que a brasileira.

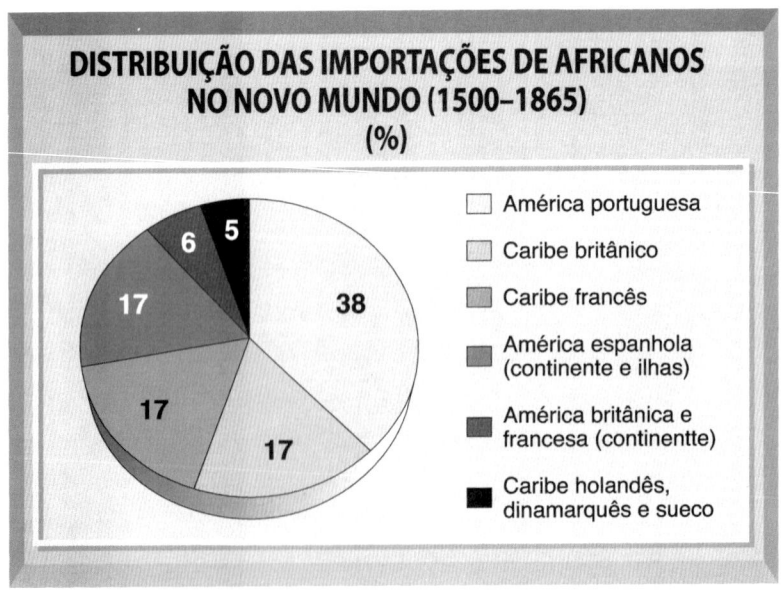

Aspectos demográficos da população escrava

O tráfico negreiro deixou profundas marcas na configuração da população escrava no Brasil. Já vimos que o contingente masculino trazido era, pelo menos, duas vezes maior que o feminino. Somado a outros fatores, esse desequilíbrio entre os sexos (muito mais homens que mulheres) dificultava bastante a reprodução natural da população escrava. Com base em técnicas de cálculo matemático, os demógrafos afirmam que, para manter a população cativa existente, cada escrava deveria ter três filhos e, para aumentá-la, quatro ou mais. Sabemos que a maioria de africanos traficados era composta por adultos. No caso das mulheres, sabemos ainda que parte de sua fase de fecundidade (período da vida em que a gravidez é possível) já havia passado quando aqui chegavam. Esse fato reduzia a possibilidade de terem quatro ou mais filhos, mesmo que se casassem logo na chegada ao Brasil, o que raramente acontecia. Também a preferência dos senhores coloniais por escravos adultos deu origem a uma população cativa africana muito mais velha, em média, que a população livre e, portanto, estatisticamente mais perto da morte. Ora, para que uma população cresça, os nascimentos têm de superar os óbitos. Mas ao longo de quase todo o período escravista, em muitas regiões do País, acontecia exatamente o oposto entre os cativos: as mortes superavam os nascimentos. Desse modo, para manter ou aumentar a população escrava, eram necessárias constantes importações de novas "peças".

> As mortes excedem os nascimentos em proporção tal que se não fosse o constante abastecimento [pelo tráfico] os negros logo se tornariam uma raça extinta.
> WALSH, Robert. Notices of Brazil in 1828 and 1829. Londres, Frederick Westly and A. H. Davis, 1830.

Alguns estudiosos levaram esse triste quadro **demográfico** longe demais, afirmando que a vida em família praticamente inexistia entre os escravos e que nas senzalas havia uma **promiscuidade** sem fim.

25

Estudos recentes, entretanto, têm demonstrado que muitos escravos e escravas constituíram famílias aqui e que elas tiveram grande importância em suas vidas. Em algumas regiões, especialmente nas menos vinculadas ao tráfico negreiro, houve a formação de um considerável grupo de escravos nascidos na colônia. Esses **mestiços** e **crioulos**, com os próprios africanos, formaram muitos núcleos familiares, os quais, em certas épocas, contribuíram para a reprodução natural entre a população escrava. Muitas crianças cativas recebiam nomes de seus antepassados, o que sugere a valorização da família entre seus pais. Mas essas famílias sofreram injustiças e, por vezes, foram separadas pela venda de alguns de seus membros — o que causava revolta, além de motivar vários crimes contra seus donos. A família desempenhou um papel muito importante com relação às estratégias dos escravos para alcançar a libertação. Os familiares cooperavam uns com os outros, emprestando dinheiro ou cuidando das crianças enquanto os pais trabalhavam nas ruas e ajuntavam recursos para comprar as alforrias. Também pressionavam os proprietários para que não desmembrassem a família, para que lhes dispensassem um tratamento mais humano e para que firmassem acordos visando à libertação. Estudos da prática do compadrio revelam que as escolhas de padrinhos para os recém-nascidos recaíam, geralmente, sobre companheiros escravos, em vez de pessoas livres. Tudo isso aponta para a formação de uma comunidade escrava que teve na família seu principal suporte de atuação social.

> Em 1780, o rico coronel José Vieira de Almeida, morador em uma fazenda na freguesia de Baependi, localidade próxima à Vila de São João del Rei, em Minas Gerais, tinha 89 escravos, sendo que 30 deles eram casados e outros 22 eram filhos desses casais. Quase 60% desses escravos, portanto, encontravam-se envolvidos em relações familiares. Entre os casais e seus filhos estavam, entre outros, os seguintes, da forma como foram listados no inventário do coronel:
> - Francisco, mulato, ferreiro, 30 anos, que o testador deixa forro, 185.000 réis

- Jozefa, mulata, mulher do dito, 110.000 réis
- Mariana, mulata, 10 anos, filha dos ditos, 70.000 réis
- Antônio, mulato, 6 anos, filho dos ditos, 50.000 réis
- Joana, mulata, 4 anos, filha dos ditos, 40.000 réis
- João Congo, 30 anos, 90.000 réis
- Ignácia, mulata, mulher do dito, 110.000 réis
- Isabel, de peito, filha dos ditos, 25.000 réis

Museu Regional de São João del Rei, inventários, caixa 7.

O número de escravos africanos no Brasil, durante boa parte do período escravista, representou quase o triplo da população total de crioulos e mestiços. Estes últimos raramente ultrapassavam a faixa de 20% ou 25% da população escrava total. Isso ocorreu nas regiões açucareiras do Nordeste e do Sudeste (até 1850, pelo menos); no Maranhão (na segunda metade do século XVIII e no início do século XIX); em Minas Gerais e Goiás (durante a maior parte do século XVIII) e nas áreas cafeeiras que se desenvolveram no Sudeste (no século XIX).

Porém, com a interrupção do tráfico ou a diminuição prolongada do abastecimento de novos trabalhadores africanos, a parcela nativa da população escrava aumentava rapidamente, revelando o potencial da reprodução natural. Por exemplo, durante o século XIX, em regiões anteriormente voltadas à mineração, a situação inverteu-se. Nelas, a população cativa passou a ser composta por dois terços de crioulos e mestiços e apenas um terço de africanos. Tal situação existiu em áreas de Minas Gerais e no sul da colônia (no Paraná atual, por exemplo). Nesta última região, desde pelo menos a segunda metade do século XVIII, mais de 80% da população escrava havia nascido no Brasil, e seu crescimento, durante o século XIX, ocorreu por meio da reprodução natural. É possível constatar, então, que nem sempre o tráfico negreiro internacional determinava, sozinho, os padrões demográficos da população escrava no País.

2. O escravo e o mundo do trabalho

A MÃO DE OBRA ESCRAVA FOI EMPREGADA EM INÚMERAS ATIVIDADES ECONÔMICAS. OS ENGENHOS DE AÇÚCAR NÃO FUNCIONAVAM SEM O BRAÇO ESCRAVO, ASSIM COMO AS ATIVIDADES DE MINERAÇÃO E A AGROPECUÁRIA. NAS ÁREAS URBANIZADAS, HOMENS E MULHERES ESCRAVOS PRESTAVAM SERVIÇOS DE TODO TIPO E CONSEGUIRAM ACUMULAR PECÚLIO, COM O QUAL PAGAVAM SUAS PRÓPRIAS ALFORRIAS.

O engenho de açúcar

Já vimos que o surgimento do escravismo no Brasil esteve intimamente relacionado com a implantação da indústria açucareira. Com efeito, até hoje o grande engenho de açúcar continua como um elemento essencial na imagem da escravidão no País.

Esse engenho idealizado continha vastas plantações de cana-de-açúcar; uma grande força de trabalho escrava, às vezes chegando a algumas centenas de cativos; a casa de engenho, onde a cana era moída; a casa de purgação, onde o melaço era lentamente drenado, produzindo várias qualidades de açúcar; a casa-grande, onde morava a família do senhor; uma capela particular; e a senzala, normalmente um agrupamento de rudes edificações que abrigavam os escravos. Como veremos, visões estereotipadas como essa precisam ser rediscutidas pela historiografia.

A casa-grande, com capela, engenho, senzala e terras de plantação, foi característica comum do Nordeste açucareiro durante todo o período colonial. Eram grandes construções rurais, propriedades das famílias mais ricas da época. (*Casa-grande com capela separada*, Frans Post, século XVII.)

Exageros à parte, é importante ressaltar que a vida no engenho era marcada por um intenso ritmo de trabalho. Durante seis meses do ano, geralmente de fevereiro a julho, plantavam-se novos canaviais e mantinham-se limpos os antigos. Também se cortava a lenha a ser usada na preparação do melaço; faziam-se consertos diversos e dispensavam-se cuidados às pequenas plantações de alimentos. A outra metade do ano era dedicada à safra. Após cortada, a cana era levada ao engenho e rapidamente moída, antes que azedasse. Nesse período de safra, o engenho funcionava 24 horas por dia, com duas turmas de trabalhadores. O trabalho era árduo e perigoso, pois a moenda ficava em movimento constante, enquanto o caldo, de tão quente, borbulhava nos caldeirões. Qualquer descuido poderia causar um acidente, e o cansaço causou vários. É muito significativo que observadores da época retratassem o engenho, durante o período de safra, como uma espécie de "inferno na Terra".

> Junto à casa da moenda, que chamam casa do engenho, segue-se a casa das fornalhas, bocas verdadeiramente tragadoras de matos, cárcere de fogo e fumo perpétuo e viva imagem dos

> vulcões, Vesúvios e Etnas e quase disse, do Purgatório ou do Inferno. Nem faltam perto destas fornalhas seus condenados, que são os escravos...
>
> ANTONIL, André João. *Cultura e opulência do Brasil*.
Belo Horizonte/São Paulo, Itatiaia/Edusp, 1982. p. 115.

Esse quadro infernal ficou associado ao trabalho bruto, o que resultou na formação de outra imagem: a do trabalhador igualmente bruto. O escravo seria incapaz de realizar tarefas que exigiam habilidade, como, por exemplo, manipular a maquinaria mais complexa, o que, definitivamente, não é verdadeiro. Dominados por essa visão deturpada, alguns estudiosos afirmam, até hoje, que o escravo, a escravidão e o escravismo eram incompatíveis com a industrialização. Sustentam, também, que o passado escravista do País explicaria, pelo menos em parte, o subdesenvolvimento e o secular apego às atividades agrícolas e ao uso de técnicas rudimentares na agricultura. O engenho de açúcar aparece aí como símbolo da inércia histórica do desenvolvimento brasileiro: as dimensões de um latifúndio, a mão de obra escrava usada de modo intenso e a demora na adoção de novas tecnologias e de modernas maneiras de organização do trabalho.

Para entender melhor o mundo do trabalho escravo, é preciso examinar mais criteriosamente esse engenho-símbolo. Ora, nos séculos XVI e XVII e durante a maior parte do século XVIII, o processo de refino do açúcar representava o que havia de mais complexo e desenvolvido em termos de tecnologia industrial no mundo. Correspondia a essa tecnologia uma organização da força de trabalho distribuída em grande número de tarefas diferenciadas, dificilmente igualadas por outras atividades produtivas da época. Ao mesmo tempo, o processo de refino exigia uma equipe nada desprezível de trabalhadores bastante habilitados: **mestres de açúcar, caldeireiros, escumeiros** e **purgadores**, entre outros. Já no século XVI, encontramos escravos ocupando tais cargos e, com o passar do tempo, a tendência era o emprego exclusivo deles nas tarefas mais delicadas. Fica difícil sustentar, portanto, em termos históricos, a noção da incompatibilidade da escravidão com atividades industriais e a ideia de rudeza incorrigível do trabalho e do trabalhador escravo.

É bom ter em mente que o engenho-símbolo que aparece com tanta frequência em nossos livros de história é fictício também em outros aspectos. Seu dimensionamento, por exemplo, é tomado de empréstimo às enormes *plantations* das Antilhas coloniais, onde engenhos com trezentos, quatrocentos ou mais de quinhentos escravos eram a regra. No Brasil, os senhores de engenho chegaram a possuir mais de cem cativos, mas raramente tinham uma escravaria (como se dizia na época) com mais de duzentos indivíduos. Para manter as casas de engenho em pleno funcionamento, os senhores dependiam de suas plantações e, também, da cana fornecida por produtores independentes, que possuíam terras e escravos próprios.

A diversidade do trabalho escravo

Por mais que a indústria açucareira tenha marcado o escravismo brasileiro, é preciso lembrar que o trabalho escravo foi utilizado, também, em inúmeras outras atividades. É verdade que o açúcar do Brasil predominou no mercado mundial entre o final do século XVI e o terceiro quartel do século XVII. Mas a partir daí, ele começa a sofrer a forte concorrência das *plantations* do Caribe. A indústria açucareira na América portuguesa passou, então, por mais de um século de estagnação, com uma curta recuperação nas últimas décadas do século XVIII. Embora não tenhamos **dados censitários** sobre o período, é provável que, desde a segunda metade do século XVII, a maioria dos escravos no Brasil já não se concentrasse nos engenhos e nas plantações de açúcar.

Até meados do século XVIII, a área em torno da Baía de Todos os Santos, conhecida como Recôncavo Baiano, foi uma das mais ricas e que mais produziam açúcar na América portuguesa. Mapa do século XVIII.

Mesmo no Recôncavo Baiano, região açucareira por excelência, sabe-se que, desde muito cedo, paralelamente aos canaviais desenvolveram-se duas outras zonas agrícolas.

A mandioca e a farinha feita dessa raiz foram produzidas e consumidas em todo o Brasil e são até hoje. Enquanto durou a escravidão negra no País, os cativos formaram a maior parcela dos trabalhadores empregados nessa atividade. A produção de farinha servia para o consumo doméstico e para ser comercializada. (*Preparação doméstica da farinha de mandioca*, Rugendas.)

Na primeira delas, produziam-se fumo (como já vimos, comercializado por meio do tráfico negreiro) e cereais em fazendas que utilizavam escravos. A outra zona especializou-se em cultivar mandioca para fabricar farinha, vendendo parte desta aos engenhos e nos mercados dos centros urbanos.

Muitos dos produtores de mandioca eram de famílias camponesas que não tinham escravos, embora a posse de alguns poucos cativos fosse bastante comum. Na cidade de Salvador, centro administrativo e comercial do Recôncavo Baiano, os escravos eram mais numerosos que as pessoas livres e dedicavam-se a um leque variado de atividades. Eram carregadores, estivadores, barqueiros, pescadores, músicos e vendedores (na verdade, vendedoras, pois a mulher escrava praticamente monopolizava o comércio realizado nas ruas). Escravos e escravas prestavam-se a todo tipo de serviço doméstico e trabalhavam em todos os ofícios artesanais, como aprendizes ou ajudantes e mesmo como mestres. Quem disse que o trabalho escravo limitava-se às plantações e à cozinha da casa-grande?

O Recôncavo Baiano é apenas um exemplo entre muitos outros. Encontraríamos quadros bem parecidos, no século XVII, na Baía de Guanabara (no Rio de Janeiro), na região de Olinda e de Recife (em Pernambuco) e em outras regiões, espalhadas pelo litoral do Brasil. No decorrer dos séculos XVIII e XIX, a diversificação do uso do trabalho escravo acentuou-se ainda mais. Sabemos que o século XVIII foi marcado, sobretudo, pela rápida ocupação das regiões mineratórias de Minas Gerais, Goiás e Mato Grosso. A busca do ouro e, mais tarde, dos diamantes provocou uma concentração populacional de livres e de escravos jamais vista na América portuguesa. Em Minas Gerais, especificamente, uma extensa rede de centros urbanos surgiu após a descoberta do ouro, e seus habitantes prestaram variados tipos de serviço ao empreendimento minerador.

Nas cidades, nas vilas e nos arraiais, as mulheres escravas e forras dominavam o comércio ambulante de alimentos e de bebidas. Eram as chamadas "negras de tabuleiro", antecessoras das famosas baianas do acarajé de hoje. (*Negras quitandeiras*, Henry Chamberlain, 1822.)

O quadro já esboçado para Salvador repetia-se nas vilas e nos arraiais mineiros e goianos. Isoladamente, a atividade mais absorvente de mão de obra escrava era a mineração, mas é igualmente correto supor que um número ainda maior de cativos estivesse engajado em diversas atividades de apoio a ela. O fato é que a necessidade de abastecer Minas Gerais criou, pela primeira vez, um mercado que veio a abranger toda a colônia. Envolveu desde criadores de gado do interior nordestino e criadores de mulas e cavalos do extremo sul do País, até produtores de açúcar do litoral. O braço escravo teve uma presença marcante em todas essas atividades.

Os escravos prestavam serviço de todo tipo a diversas pessoas, além de seus próprios senhores. Eles cobravam por esses serviços eventuais e repassavam uma parte dos ganhos aos seus proprietários. Eram chamados de "escravos de ganho". (*Negro escravo vendedor de capim*, Carlos Julião.)

Ao longo do século XVIII, a **Capitania** de Minas Gerais tornou-se o maior produtor de alimentos básicos da colônia, inicialmente para abastecer seu próprio território e, mais tarde, as regiões costeiras. Era muito comum naquela região o cultivo de milho, feijão, arroz, mandioca e cana-de-açúcar.

A partir do século XVIII, a extração de ouro e de pedras preciosas foi intensificada no Brasil. Isso fez com que aumentasse muito a entrada de escravos africanos e entre eles os que eram especialistas em mineração e em fundição de ouro. (*Extração de diamantes*, Carlos Julião.)

Mariana (antiga Vila de Nossa Senhora do Carmo) foi a primeira capital de Minas Gerais e, também, a sede do primeiro bispado criado na região. Foi uma das dezenas de localidades nascidas com a mineração do ouro. (Detalhe do *Mapa das Minas do Ouro e S. Paulo e costa do mar que lhe pertence*.)

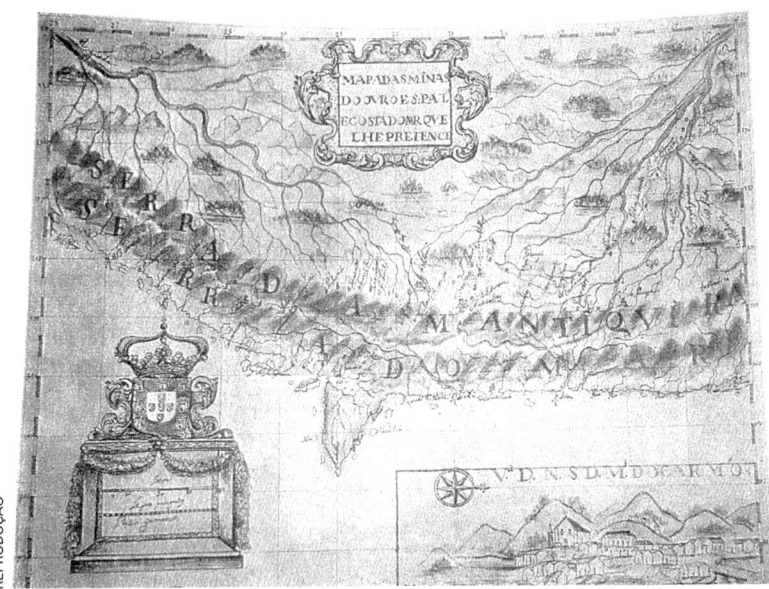

Antes de 1720, quando foi criada a Capitania de Minas Gerais, as ricas terras do ouro e dos diamantes pertenciam à Capitania de São Paulo e Minas do Ouro, constituída em 1709, quando foi separada do Rio de Janeiro. (*Mapa das Minas do Ouro e S. Paulo e costa do mar que lhe pertence.*)

Os últimos dois itens sustentavam de farinha e de cachaça os "engenhos" (termo empregado na época) espalhados por toda a capitania. Muitos desses engenhos localizavam-se próximo e, às vezes, dentro das principais vilas mineiras: em sítios e chácaras, e não em grandes fazendas, como se poderia imaginar, o que facilitava a comercialização de uma parcela da produção. Nos quintais das casas, já nos núcleos urbanos, os moradores cultivavam hortas e "árvores de espinho" (laranjas, limas, limões e cidras), além de bananeiras. Nos sítios e nas áreas urbanas, era comum a presença de galinhas, cabras, porcos e vacas e, mais ao sul da capitania, próximo às vilas de São João Del Rei e de São José Del Rei (atual Tiradentes, em Minas Gerais) encontravam-se grandes criações de cavalos, mulas e ovelhas.

Novamente é preciso ressaltar que o trabalho escravo foi um elemento fundamental no desenvolvimento dessas atividades agropecuárias. Igualmente, ele foi importante para o desenvolvimento do principal meio de transporte usado no interior: as tropas de mulas.

As tropas de mulas eram responsáveis por uma parcela significativa dos serviços de transporte, sobretudo nas regiões do interior, até o final do século XIX. (*Tropa de negociantes a caminho do Tijuco*, Rugendas.)

Os tropeiros contavam com os escravos para o trabalho mais pesado e com as mulas, que levavam as cargas no lombo. Balaios e alforjes eram instrumentos importantes para o melhor exercício da atividade. (*Um pouso rústico de tropeiros paulistas*, Debret.)

> Creio que posso dizer que, no Rio de Janeiro, o trabalho livre é literalmente desconhecido. Devo dizer com toda franqueza que minha impressão é de que pouco ou nada se consegue fazer aqui sem o braço escravo.
>
> *Charles Herring, minerador inglês, ao chegar ao Rio de Janeiro, em junho de 1830. Saint John d'El Rey Mining Company Collection, Letter Book Number 1, p. 8. Nettie Lee Benson Latin American Library, University of Texas.*

Como se pode ver, é preciso repensar a associação quase exclusiva que costumamos fazer entre a escravidão e a agricultura de exportação. Durante o século XIX, as atividades agropastoris alicerçadas na mão de obra escrava e voltadas para o mercado interno caracterizavam **províncias** inteiras, como Minas Gerais, Paraná, Rio Grande do Sul e Santa Catarina, bem como regiões espalhadas por quase todas as demais províncias.

O escravo também deixou sua marca em atividades de cunho mais industrial. Já mencionamos que muitos navios negreiros foram construídos no Brasil. De fato, pelo menos desde o século XVII, estaleiros brasileiros fabricavam desde embarcações comerciais até militares. E o trabalhador escravo esteve envolvido nessa indústria naval desde o início. A pesca e o refino do óleo de baleia também dependiam essencialmente da mão de obra escrava. A atividade baleeira encontrava-se implantada desde a Paraíba, no norte, até a ilha de Santa Catarina, no sul. Além disso, em quase todo o Brasil, dezenas de milhares de escravas passavam os dias fiando, tecendo (principalmente fios e tecidos de algodão) e transformando panos em roupas. Com mulheres forras e livres, sustentavam uma indústria doméstica que ganhou enorme proporção, como ocorreu em Minas Gerais durante o século XIX.

> (...) há muitos anos que vivo da ocupação de coser pano para vender ao povo, pelas minhas escravas, à vista e fiado (...).
>
> Declaração de Vitória do Nascimento, africana e forra, Sabará, 1762.
>
> Arquivo Público Mineiro, CMS, cód. 53, ff. 12-14.

Também em Minas Gerais desenvolveu-se uma indústria do ferro, que, além de se inspirar em técnicas africanas, continuou empregando cativos até o último ano da escravidão no Brasil. Na cidade do Rio de Janeiro, durante o século XIX, um dinâmico setor manufatureiro produzia desde luvas, meias e chapéus, até cerâmicas e charutos. Sem o trabalho escravo, tais manufaturas não teriam existido.

Nos ofícios e no setor de serviços, a diversificação do trabalho escravo destacava-se mais ainda. Ao longo de todo o período escravista, era possível encontrar escravos e escravas desempenhando inúmeras atividades: sapateiros, barbeiros, alfaiates, ferreiros, padeiros, carpinteiros, marceneiros, escultores, músicos, pintores, seleiros, paneleiros, latoeiros, boticários, carregadores, estivadores, pescadores, barqueiros, marinheiros (inclusive no tráfico negreiro), soldados, capitães-do-mato, caixeiros, escrivães de cartório(!), enfermeiros(as), chapeleiros(as), vendedores(as) de todo tipo, cozinheiros(as), doceiras, amas-de-leite e prostitutas, entre uma infinidade de outras ocupações.

As negras vendedoras, escravas e forras, levavam seus filhos para o trabalho nas ruas. Um dos meios de transporte das crianças consistia em amarrá-las às costas das mães, provavelmente um costume de origem africana. (*Negras vendedoras*, Carlos Julião.)

Principalmente nos centros urbanos, esses escravos artesãos e prestadores de serviços podiam ser "escravos de ganho": trabalhavam por conta própria, entregando uma quantia fixa, diária ou semanalmente, aos seus senhores e atendendo às suas necessidades básicas por meio de ganhos pessoais.

Um dos serviços prestados pelos escravos de ganho e pelos homens forros foi cortar cabelo e fazer a barba da população masculina mais pobre. (*Loja de barbeiros*, Debret.)

As vendas eram pequenos estabelecimentos comerciais, especializados em produtos alimentares e alguns instrumentos de trabalho. Elas se transformaram em importantes pontos de contato entre as populações negra, mestiça e branca. (*Venda em Recife*, Rugendas.)

Serviços cotidianos de todo tipo eram desempenhados por escravos. Vários deles chegaram, inclusive, a ser alugados por seus proprietários. (*Escravos de ganho*, Joaquim Cândido Guillobel, 1812.)

Abastecer de água as residências era tarefa quase que exclusiva das mulheres cativas, tanto nas áreas urbanas quanto nas rurais. (*Aqueduto e Convento de Santa Tereza*, William Gore Ouseley, 1852.)

Nos núcleos urbanos, maiores ou menores, durante o período escravista, e em todas as regiões brasileiras, escravos e, principalmente, escravas estiveram envolvidos com atividades comerciais. As ruas viviam cheias de "negras de tabuleiro" (muitas delas trabalhando como escravas de ganho), que vendiam **quitandas** de todos os tipos e, também, refrescos. Muitas escravas tomavam conta ou, até mesmo, eram donas de pequenas vendas, onde se compravam "secos" — farinha, rapadura, carne-seca, peixe salgado, cereais — e "molhados" — principalmente a cachaça. A participação de escravos nesse comércio permitiu-lhes o convívio com pessoas livres, alforriadas e escravas. Representou, em muitos casos, a oportunidade de acumularem recursos monetários que, posteriormente, puderam ser empregados na compra das cartas de alforria.

Não se pode ignorar que a agricultura de exportação continuou dependendo, essencialmente, do trabalho escravo até os últimos dias da escravidão no Brasil. O espetacular desenvolvimento da cafeicultura no Sudeste brasileiro, por exemplo, durante o século XIX, baseou-se na utilização da mão de obra escrava. O trabalhador escravo também foi fundamental para a intensificação da exportação de algodão em rama, ocorrida entre 1780 e 1830, e no cultivo de arroz para o mercado internacional, que teve lugar no Maranhão a partir do final do século XVIII. As experiências com a produção de **anil** e de cacau e com a criação do bicho-da-seda, que marcaram o final do período colonial, igualmente contaram com a presença escrava.

3. As relações sociais no mundo escravista

O UNIVERSO ESCRAVISTA RESULTOU DA ATUAÇÃO TANTO DOS ESCRAVOS QUANTO DOS LIBERTOS E DOS LIVRES. EXISTIRAM CASTIGOS FÍSICOS E OUTROS TIPOS DE VIOLÊNCIA, MAS AS RELAÇÕES SOCIAIS NUNCA SE RESTRINGIRAM A ISSO. O PATERNALISMO DOS SENHORES FOI, MUITAS VEZES, EXPLORADO PELOS CATIVOS, QUE DELE CONSEGUIAM TIRAR VANTAGENS.

Os homens livres e a escravidão

Podemos concluir que o trabalho escravo foi utilizado largamente nas atividades econômicas e sociais enquanto perdurou a escravidão no Brasil. Ao que parece, salvo as exceções, os escravos, bem como os libertos, só não ocuparam funções entre os profissionais liberais (médicos, juristas e professores) e em altos escalões das administrações pública e militar e da Igreja católica.

Ao constatar a utilização extremamente diversificada do braço escravo, podemos indagar: qual era, então, o papel das pessoas livres? No caso dos proprietários de escravos, a resposta é simples. Mesmo os donos de um único escravo (ou escrava) procuravam viver da renda gerada por ele. Já aos senhores de muitos escravos cabia, pelo menos na teoria, administrá-los. Mas, no Brasil, tal administração quase sempre era marcada por práticas rotineiras e por demonstrações simbólicas de **paternalismo** e de disciplinamento. Enquanto os proprietários de grandes posses de cativos limitavam-se a visitas rápidas ao engenho, às lavras minerais ou à fazenda de café, o gerenciamento cotidiano dos escravos ficava, na maior parte das vezes, a cargo de um feitor.

O ideal era que as unidades produtivas se autoadministrassem. Aliás, querendo que tal se concretizasse, muitos proprietários empregaram escravos como supervisores dos trabalhos. Na imaginação literária, a figura do feitor, cuja tarefa era a manutenção da ordem, da disciplina, do ritmo e da qualidade do trabalho, aparece como um homem branco ou mulato, sempre de índole cruel. Na realidade histórica, ao contrário, com o passar do tempo, tornou-se comum um proprietário escolher para feitor um de seus escravos. Em alguns casos, escravos fisicamente fortes e pessoalmente confiáveis chegaram à posição de administradores, cuidando de todo o planejamento dos trabalhos e da contabilidade do empreendimento senhorial.

A grande presença do escravo na sociedade brasileira marcou, fortemente, as atitudes com relação ao trabalho, especialmente o manual, tornando-o algo vil e indigno no entender das pessoas livres. Assim, considerava-se que a liberdade de cada um era medida pelo número de escravos que possuía e, portanto, pela ausência da necessidade de trabalhar. Essas atitudes de desdém com relação ao trabalho não se limitavam aos proprietários de escravos; eram compartilhadas pelos não proprietários também. Para estes últimos, empregar-se por um salário equivalia a tornar-se uma espécie de escravo, pois, para eles, cabia apenas aos cativos trabalhar para os outros.

Os indivíduos livres não proprietários de escravos sempre tiveram um peso ponderável na população da colônia. A partir da segunda metade do século XVIII, multiplicaram-se tanto, e tão rapidamente, que no século XIX acabaram tornando-se o maior grupo populacional do País. Esses indivíduos livres e suas famílias, pobres na maioria, tendiam a tocar a vida na base da agricultura de subsistência, cultivando roças e criando animais domésticos para garantir sua sobrevivência. Assim, não precisavam trabalhar para outras pessoas. Mas acabavam ficando, de modo geral, à margem do mercado e do desenvolvimento econômico. São essas atitudes com relação ao trabalho e, também, a administração inadequada dos empreendimentos alicerçados no braço escravo que explicam o atraso econômico do Brasil escravista.

O barão Wilhelm Ludwig von Eschwege, um viajante alemão que passou muitos anos em Minas Gerais, no início do século XIX, captou bem as atitudes com relação ao trabalho no Brasil. Ele escreveu, em 1833:

> "[o escravo] é o único bem do homem livre, a cujas necessidades ele provê. Sem seu auxílio, o branco poderia considerar-se pobre, mesmo que suas arcas regurgitassem de ouro. Com efeito, as terras permaneceriam incultas e a mineração desapareceria, caso não existisse o escravo que fizesse todos estes serviços. (...) O branco, mesmo quando pobre, não move uma palha, pois até na vadiagem encontra com o que viver. O mais das vezes, limita-se a possuir um escravo, que se encarrega de sustentá-lo. (...) Também o mulato livre possui escravos. Vive de braços cruzados e considera o trabalho uma coisa indigna".
>
> ESCHWEGE, W. L. von. *Pluto Brasiliensis*. Belo Horizonte/ São Paulo, Itatiaia/Edusp, 1979.

As relações senhor-escravo

À diversificação e à versatilidade do trabalho escravo corresponde a complexidade das relações sociais que sustentavam e reproduziam o sistema escravista. Essas relações sociais baseavam-se na disciplina do trabalho e, para garantir a obediência dos escravos, os senhores usavam muitas vezes o castigo, particularmente o físico. Em geral, os castigos eram aplicados diante de todos os outros escravos para servir de exemplo aos que pretendiam desobedecer às ordens de seus proprietários. O uso de instrumentos de tortura era comum, e os escravos sofriam injustiças e humilhações, além de mutilações físicas e problemas psicológicos. Muitos morreram em consequência dos castigos. Não há, portanto, como negar a natureza violenta da escravidão.

É preciso lembrar, contudo, que o castigo e a violência física faziam parte do dia a dia de toda a sociedade da época. Esses procedimentos marcavam as relações pais-filhos, esposo-esposa e mestres-alunos.

Uma clara expressão da legitimidade do castigo violento era o direito que o Estado tinha de aplicar a pena de morte em pessoas vistas como ameaças à ordem social. Esse direito foi amplamente exercido durante todo o período escravista, tirando a vida de livres e de cativos. Considerando esse contexto histórico, podemos afirmar que, apesar das injustiças, os escravos também compartilhavam da noção de legitimidade do castigo, embora, evidentemente, não gostassem dele. Assim, por exemplo, os libertos que se tornavam senhores de escravos — e eles eram numerosos — não hesitavam em aplicar castigos físicos em seus cativos, quando julgavam necessário.

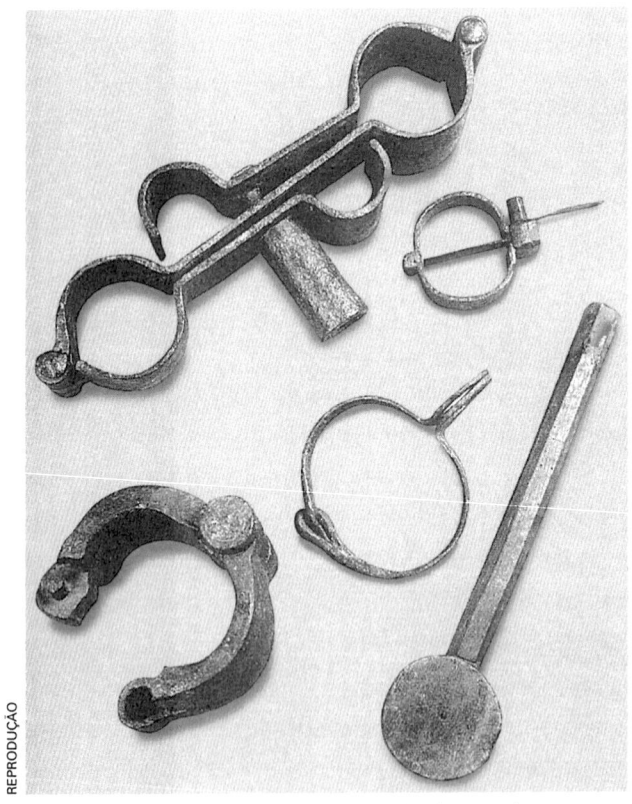

Os instrumentos de tortura, além de causar dor física e de restringir os movimentos, serviam para marcar os escravos desobedientes. Instrumentos dos séculos XVIII e XIX.

Quando a infração era considerada muito grave, o castigo físico era aplicado nos escravos publicamente para servir de exemplo a todos. (*Feitores castigando negros*, Debret.)

Mas a vida do escravo não se resumia em trabalho e em castigos, como muitos imaginam. Afinal, era preciso alimentar-se, vestir-se, abrigar-se, relacionar-se com outras pessoas, fosse com escravos, libertos ou livres, e, também, divertir-se. Em princípio, a alimentação, o vestuário e a habitação eram de responsabilidade do senhor e isso era um ponto importante na relação entre o proprietário e seus cativos. Do ponto de vista dos senhores, comida, roupa e casa eram concedidas em troca de obediência e de trabalho — eles pensavam ser generosos. Viam nas concessões um meio de amenizar a vida dura do **cativeiro**, estimular a continuidade das atividades produtivas e garantir a fidelidade de seus escravos. Essa visão é chamada de paternalismo, isto é, o senhor agia como se fosse um pai que disciplinava, castigava e protegia os filhos, na verdade, seus escravos. Estes últimos, em agradecimento aos cuidados do senhor, deveriam retribuir com trabalho, obediência e fidelidade. Se refletirmos um pouco, veremos que esse paternalismo nada mais era que a admissão, consciente ou não, da dependência mútua entre senhores e escravos. Afinal, sem seus escravos, o que era um senhor?

Os escravos souberam tirar proveito dessa relação de dependência, pois sua interpretação do paternalismo era inversa à interpretação senhorial. Aquilo que os senhores consideravam concessões e benesses eram, para os cativos, direitos que eles haviam conquistado duramente, numa luta constante pela sobrevivência. Um exemplo é o que acontecia quando escravos eram obrigados a trabalhar aos domingos e em dias santos, prática essa, em princípio, proibida pela Igreja. O desrespeito aos direitos costumeiros poderia implicar pesadas perdas, pois provocava entre esses trabalhadores uma má vontade que nem o castigo remediava. Mas como castigar exemplarmente todos os escravos, ao mesmo tempo?

> Durante a safra, nos engenhos de açúcar, o ritmo da produção era tão intenso que, muitas vezes, os dias livres tinham de ser eliminados. Em compensação, o término da safra era seguido por um período de festas (sem qualquer trabalho) que podia se estender por duas semanas. Nas regiões açucareiras, essa folga tornou-se um direito conquistado pelos escravos.

O cotidiano do Brasil holandês foi registrado por artistas contratados pelo príncipe Maurício de Nassau, quando instalou sua corte em Pernambuco. (*Ruínas de Olinda*, Frans Post.)

Poderíamos enumerar aqui diversas maneiras pelas quais os escravos impuseram suas vontades por meio do jogo paternalista do "toma lá dá cá", vontades que, até hoje, influenciam a religiosidade, a música, a língua portuguesa e a culinária no Brasil.

Um exemplo serve para ilustrar o quanto os escravos levaram a sério a conquista de seus direitos e como as práticas costumeiras prevaleceram sobre as leis, que, teoricamente, regiam a sociedade escravista. A lógica da lei não reconhecia o direito de o escravo ser proprietário de quaisquer bens, pois, se ele mesmo era um bem, não poderia desfrutar da propriedade privada. De acordo com a lei, tudo pertencia ao senhor. Na realidade, entretanto, as práticas cotidianas permitiam aos escravos acumular diversos tipos de bens: desde instrumentos de trabalho, como, por exemplo, enxadas e foices, tabuleiros e teares, até joias, roupas finas e animais domésticos. E, pasmem, alguns escravos chegaram a possuir escravos. Normalmente, os senhores respeitavam e, em certos casos, até estimulavam seus cativos a ter esses pertences. Achavam que os possuir contribuía para o contentamento dos escravos, ao mesmo tempo em que os prendia ao domínio senhorial. Existiram casos, no entanto, de senhores que procuraram apoderar-se da propriedade de seus escravos, pautando-se na lei. Mas, como atestam **registros judiciais**, esses senhores podiam pagar bem caro pelo desrespeito aos direitos costumeiros. Alguns chegaram mesmo a pagar com a vida por descuidos semelhantes. Em outras ocasiões, escravos prejudicados pelos senhores recorreram à Justiça, solicitando a abertura de processos contra seus proprietários, e algumas dessas causas foram ganhas.

Escravos trabalhando para si

Como escravos conseguiam acumular bens? Geralmente, utilizando os dias livres de trabalho para desenvolver atividades em seu próprio benefício. No meio rural, a concessão de dias livres foi acompanhada pelo plantio de pequenas roças, onde os escravos produziam o que lhes conviesse. Essa prática era tão comum, que podemos encontrar exemplos de filhos de escravos herdando de seus pais o direito de plantar nessas terras. Alguns estudiosos insistem em enxergar na produção própria dos escravos apenas um meio de baratear os custos de manutenção da força de trabalho. Ou seja, teria sido uma maneira disfarçada pela qual os senhores exploravam ainda mais seus cativos. Não obstante, crescem as evidências de que os **excedentes** dessas roças entravam nos mercados locais, gerando renda para os produtores escravos. Significa, também, que escravos participavam do mercado como compradores de um variado leque de mercadorias, como roupas, alimentos, bebidas e quinquilharias. Quando uma família inteira dedicava-se à produção própria, os excedentes poderiam ser consideráveis e eventualmente contribuíam para a compra da liberdade de um ou mais de seus membros.

> No meio rural, além das roças, existiam outras oportunidades de trabalho que geravam renda para os escravos, com as quais eles ocupavam seus dias livres. A pesca e a caça, por exemplo, podiam gerar bons ganhos, assim como a criação de abelhas e a coleta de mel. A fiação, a tecelagem, a cestaria e a cerâmica eram, também, boas opções. Já para o escravo que praticava algum ofício, como o de ferreiro por exemplo, as chances de lucrar aumentavam ainda mais.

Os historiadores que estudam o fenômeno da produção própria dos escravos o denominam "brecha camponesa", enfatizando suas ligações com o trabalho agrícola. Trata-se, no entanto, de uma ideia equivocada. Diante da diversificação do trabalho escravo no Brasil, quantas "brechas" teríamos de inventar para dar conta de todas as atividades desempenhadas em benefício próprio? Alcançada a quota senhorial, os escravos de ganho dos centros urbanos estavam livres para embolsar a renda excedente sem depender dos dias de folga. Os escravos artesãos também souberam aproveitar muito bem seu tempo livre. Em Minas Gerais, no século XVIII, curiosamente, era aos domingos, quando os mineradores escravos trabalhavam por conta própria, que se encontravam os veios mais ricos de ouro e os maiores diamantes. É claro que não se tratava de coincidência, pois, afinal, qual é o trabalhador que não se empenha mais quando seus esforços revertem em benefício próprio?

4. Acordos e conflitos na sociedade escravista

Nas complexas relações sociais desenvolvidas entre senhores e escravos sempre houve espaço para negociações e para mobilidade, que beneficiavam ambas as partes, mesmo sendo frequentes os conflitos. Houve acordos visando as alforrias, expressões de fidelidade e de gratidão entre eles, mas existiram, também, fugas, quilombos e rebeliões de cativos.

Libertação e reprodução no sistema escravista

Começamos a compreender a complexidade das relações sociais do mundo escravista. Não podemos concordar com aqueles que aceitam o discurso senhorial paternalista e veem na escravidão brasileira um exemplo de benevolência e suavidade. Tampouco concordamos com a ideia de uma escravidão construída e mantida somente na base da violência e da exploração, determinada, apenas, pela vontade do senhor. Já é possível perceber, então, qual foi o papel dos escravos no desenrolar da história.

A manutenção do sistema escravista brasileiro, por mais de três séculos e meio, exigiu um paciente jogo de equilíbrio, no qual os senhores manipulavam escravos, mas também eram manipulados por eles. Tais manipulações transparecem com nitidez quando examinamos um dos aspectos do escravismo brasileiro (e, também, do cubano, por exemplo) que mais o distinguem dos outros sistemas escravistas do Novo Mundo: a frequência das alforrias alcançadas pelos escravos.

Muitas vezes, entende-se a propensão dos senhores de escravos brasileiros a libertar seus cativos como prova da benevolência do sistema no País. É verdade que a cobiçada carta de alforria poderia resultar de um gesto sincero de generosidade por parte de um senhor bondoso. No entanto, esse gesto parece ter sido a exceção, pois quando é possível estudar e reconstituir as pequenas histórias de libertação, descobrimos que elas são cheias de enormes esforços por parte dos escravos. Além de trabalhar muito, eles tentavam demonstrar atenção e submissão constantes a seus senhores, mesmo que, no íntimo, apenas representassem aquele papel, como fazem os atores. No caso das mulheres escravas, essas histórias incluíam, frequentemente, o esforço de dar à luz filhos dos seus senhores. Assim, às vezes, enquanto mães de herdeiros do senhor de escravos, elas conseguiam a própria libertação, bem como a de seus filhos. Também conquistavam melhores condições materiais de vida, como casas, terras, instrumentos de trabalho e móveis. Com efeito, essas ligações amorosas entre escravas e senhores provavelmente foram responsáveis pelo fato de a alforria feminina ter sido mais comum que a masculina.

Como já vimos, os escravos ajuntavam economias com o trabalho realizado fora do "expediente" normal. Com tal dinheiro, compravam suas alforrias. No Brasil, a maior parte dos libertos parece ter comprado a alforria e, para isso, muito ajudou um outro direito costumeiro: a coartação, uma espécie de acordo entre o escravo e seu proprietário. O senhor vendia a alforria parceladamente e o cativo deveria saldar a dívida semestral ou anualmente, durante um período que variava de três a cinco anos. Era, como se pode perceber, uma espécie de alforria paga a prazo, especialmente praticada em áreas urbanas, onde até crianças chegaram a ser coartadas.

Embora seja difícil precisá-la, podemos imaginar a dose de submissão dissimulada com que o escravo, em via de ganhar a alforria, temperava seu comportamento diante do senhor. E aqui temos uma dupla manipulação — ao se acenar com a possibilidade de libertar um escravo, extraía-se dele um comportamento que reforçava as crenças senhoriais no **paternalismo**. Submissão e dissimulação à parte, não se pode duvidar que todo escravo desejava a libertação. Mesmo que, para a maioria da população escrava, as chances de alcançar a alforria fossem mínimas. Os exemplos de liberdade existiam concretamente e claramente serviam como parte da estratégia senhorial de controle social. Também não importa que a cobiçada liberdade viesse de maneira condicional, isto é, a ser usufruída, por exemplo, somente após a morte do senhor ou depois de servi-lo por mais cinco ou dez anos. Após libertos, eram rotulados de forros ou **alforriados**, e esse rótulo os marcava como cidadãos de categoria inferior, de origem escrava. Ainda assim os escravos desejavam tal título, pois qualquer um era preferível ao de cativo.

Na verdade, dada a flexibilidade do sistema escravista, alguns cativos chegaram a transformar-se em proprietários de outros cativos. A partir do século XVIII, as evidências são claras: havia libertos, inclusive indivíduos nascidos na África, que possuíam escravos. Dependendo da região do Brasil, esses forros proprietários podiam até ser, relativamente, numerosos. Mas numerosos mesmo, em quase todas as regiões brasileiras, eram os proprietários nascidos livres, porém descendentes de escravos.

Muitas vezes, as mulheres forras ascenderam economicamente e fizeram questão de ostentar trajes luxuosos, sapatos e ornamentos preciosos, além de usar amuletos feitos de material nobre. (*Negra forra com vestido de luxo*, Carlos Julião.)

Poderíamos relativizar a importância desses senhores ex-escravos ou de ascendência escrava. Afinal, suas posses de cativos, normalmente pequenas quando comparadas às das grandes fazendas ou dos engenhos, de cinquenta ou mais escravos, alimentam até hoje o imaginário sobre a escravidão. Mas essa ideia oculta o valor social das pequenas posses.

Temos aí um processo de mobilidade social, no qual os mais humildes — os escravos — poderiam chegar à elevada posição de proprietários. Do ponto de vista do sistema escravista, tal mobilidade contribuía, de maneira decisiva, para o alargamento de sua base de apoio entre os diversos segmentos da sociedade. Os brancos eram a maioria entre os senhores, mas, em geral, foram a minoria da população em muitas regiões do Brasil, particularmente nas áreas rurais. Como frequentemente os escravos superavam o número de pessoas livres, percebemos o quanto a flexibilidade do sistema escravista era útil para sua manutenção e reprodução. Foi essa mobilidade, em muitos casos, que impediu o estouro de rebeliões escravas.

Não devemos concluir, entretanto, que a mobilidade social e a flexibilidade do escravismo brasileiro representaram apenas mais uma vitória senhorial. De modo geral, podemos afirmar que os escravos faziam uma avaliação bastante realista de sua situação. Até a metade do século XIX, não havia como prever um fim, num prazo médio ou longo, para a instituição da escravidão; mas o caminho individual para a liberdade, por mais tortuoso que fosse, permanecia aberto. Na medida do possível, foi trilhado por dezenas de milhares de escravos. Ou seja: aquilo que, do ponto de vista do senhor, constituía um mecanismo de controle social, para os escravos representava uma conquista, apesar das dificuldades de alcançá-la.

Insistimos no fato de que os escravos faziam uma avaliação realista de sua condição social. Isso pode ser um ponto aparentemente simples, mas é essencial para a compreensão do papel desempenhado por eles na história do Brasil. Até bem recentemente, os historiadores tendiam a apresentar a população escrava dividida em duas partes desiguais. De um lado, a maioria de submissos e resignados, que aceitavam, sem contestações, o fato de terem sido transformados em meras coisas por uma escravidão desumana.

Do outro lado, um pequeno grupo de heróis cujo único objetivo na vida era desafiar o sistema escravista. Discutiremos esse último grupo ao examinar, mais adiante, a rebeldia escrava. Importa, agora, refletir sobre os supostos submissos, aqueles que, segundo alguns, nunca participaram da história.

Hoje, fala-se muito no conceito de acomodação, que considera escravo típico aquele capaz de ajustar-se à realidade da escravidão. Apesar das adversidades, sobrevivia criando oportunidades e conquistando direitos costumeiros. Certamente, o escravo que se acomodava precisava ser realista e calculista para forçar uma ampliação das concessões senhoriais. Para alcançar seus objetivos, era necessário ser esperto, escondendo suas intenções e seus métodos, mesmo que os gestos subservientes, afetuosos e simpáticos reforçassem o paternalismo senhorial. Assim, deixamos de lado um sujeito passivo e submisso, para identificar no escravo um agente histórico que se adaptava à realidade, contribuindo, de maneira escancarada e/ou sutil, para transformá-la.

Na verdade, a vontade escrava de romper com o cativeiro nunca se apagava, por mais sereno que pudesse parecer o dia a dia do domínio senhorial. Nos momentos de ruptura — guerras, invasões, crises políticas agudas e desastres causados por fenômenos naturais —, muitos foram os senhores que tiveram de se defrontar com a indiferença, a insolência, a traição e até com a revolta armada de seus escravos. Afinal, a ruptura constituía uma oportunidade para ocupar novos espaços, arrancar novas concessões e consolidar os direitos já conquistados. Para o senhor de escravos, esses momentos excepcionais vieram confirmar aquilo que, no fundo, ele já sabia: o arranjo paternalista apenas encobria o fato de que o escravo jamais aceitara sua condição.

Isso o senhor sabia porque, mesmo nos períodos de suposta tranquilidade, ele tinha de resignar-se à constância dos pequenos furtos de mantimentos, bebidas, roupas e animais domésticos. Para os escravos, tais furtos representavam mais um direito conquistado, só que sem negociação explícita alguma.

Resistências à escravidão

A resistência escrava tomou diversas formas, individuais e coletivas. No dia a dia, as mais comuns eram a desobediência, a diminuição deliberada do ritmo de trabalho e a sabotagem. Esta última incluía o dano a implementos de trabalho ou à maquinaria, maus-tratos a animais de carga e a destruição de plantações, incendiando-as, por exemplo. Nesses casos, a resistência geralmente requeria um certo grau de cooperação entre os escravos, o que frustrava as tentativas de aplicar um castigo exemplar. Já as formas declaradas de resistência individual eram mais extremas: a autodestruição por suicídio, a matança de filhos recém-nascidos ou ataques físicos contra senhores e seus familiares, administradores e feitores. Embora as vinganças violentas fossem raras, elas alimentavam o medo dos senhores — com efeito, o assassinato de um senhor, por um ou mais de seus escravos, quase sempre colocava regiões inteiras em pânico.

O escravo, sem parar de trabalhar, observa, incomodado, o senhor castigando outro escravo. À esquerda, por trás do armário, uma mestiça, que amamenta um bebê, provável mulher do sapateiro, observa a cena demonstrando interesse pelo que se passa. (*Sapatarias*, Debret.)

> **Escravo fugido**
>
> A Antonio Alves Galvão, de seu sitio do Patrocinio da Limeira, fugio o escravo abaixo mencionado:
>
> Eduardo, mulato meio vermelho; bonito de cara, sem barba, nariz afilado, boca pequena, boa dentadura, idade de 18 a 20 annos mais ou menos, altura regular e corpo cheio; tem um dedo do pé cortado pela junta, falla bem, tem os cabellos crespos, e diz que é filho de francez, e mesmo elle entende fallar francez; fugio com roupa fina, jaqueta de panno preto. E' de suppôr que fosse para Sorocaba, e que lá se ajustasse com um negociante de tropa solta, cuja moradia ignora-se.
>
> Gratifica-se com duzentos mil réis á pessoa que o prender e levar a seu dono, e com mais alguma quantia no caso que esteja muito longe e conforme o trabalho que der para prender e leval-o ao dono.
>
> Este escravo gosta de andar com o cabello penteado e bem repartido, pratica de andar a cavallo, e aprecia andar a galope. Sabe dirigir animaes em tropas ou carros, e trabalha bem na roça, de enxada ou fouce.   12—2

ARQUIVO DO ESTADO DE SÃO PAULO

Desde o surgimento dos primeiros jornais no Brasil, no início do século XIX, os anúncios sobre fuga de escravos tornaram-se muito frequentes. (*Diário de São Paulo*, 1866.)

Uma das formas mais frequentes de resistência dos escravos era a fuga, individual ou coletiva. Até 1888, os jornais que circularam no Brasil invariavelmente publicavam anúncios sobre escravos fugidos, oferecendo recompensas para quem ajudasse na captura. Esses anúncios constituíam claros registros das inúmeras tentativas, quase sempre individuais, dos escravos de escapar do cativeiro, misturando-se à população de ascendência africana livre e liberta.

A não ser nos últimos anos da escravidão, quando boa parte da população livre passou a cooperar com os fugitivos, poucas tentativas individuais de fuga tiveram sucesso. Afinal, desde os primórdios da colônia, existiu uma forte repressão às fugas. Os **Senados das Câmaras**, por exemplo, sempre nomearam os capitães-do-mato — homens especializados na captura de fugitivos e que eram recompensados pelos proprietários de acordo com a distância do local onde efetuavam o reaprisionamento.

Os capitães-do-mato eram homens livres, mas tinham origem nos estratos mais humildes da população, ou seja, geralmente eram crioulos, mestiços e negros. Muitas vezes, esses caçadores de escravos eram forros, fato que, novamente, alerta-nos para a amplitude do apoio à escravidão entre a população como um todo.

Profissão específica de sociedades escravistas, o posto de capitão-do-mato muitas vezes foi ocupado por negros e mestiços livres. (*Capitão-do-mato*, Rugendas.)

Mais frequentes, porém menos documentadas que as fugas "definitivas", eram as ausências temporárias, ou pequenas fugas: escravos escondiam-se, por exemplo, na senzala de uma fazenda vizinha durante um período limitado, de poucos dias a uma ou duas semanas. As pequenas fugas eram motivadas, entre outras razões, pelo cansaço físico e emocional, pela vingança contra alguma injustiça e pelo desejo de visitar parentes e amigos. A volta era voluntária, embora muitas vezes mediada por algum vizinho livre, que negociava, sobretudo, a não punição do fugitivo. Com relutância, sem dúvida, os senhores de escravos aprenderam a tolerar as pequenas fugas, encarando-as como um mal necessário para evitar descontentamentos maiores na escravaria. Tal como os furtos, a pequena fuga transformou-se em um direito não abertamente reconhecido, mais uma vez demonstrando a complexidade das relações senhor-escravo.

Muito já se escreveu sobre as fugas coletivas e a organização de escravos foragidos em comunidades clandestinas. Grupos de cativos de um mesmo senhor, ou de vários, planejavam uma fuga com o objetivo de se juntar para resistir às forças de repressão. Montavam seus esconderijos em lugares de difícil acesso, porém, raramente muito distantes de áreas povoadas. Tal localização era importante para a sobrevivência da comunidade. Apesar de cultivar alimentos e criar animais domésticos, as comunidades dependiam, em grande parte, do roubo ou da troca de mercadorias variadas com fazendas já estabelecidas. Os foragidos representavam uma afronta direta à instituição da escravidão. E o parasitismo fez desses **mocambos** ou **quilombos** o alvo de uma ira redobrada dos senhores.

> Até o fim do século XVII, o termo mais comum era mocambo, enquanto quilombo tornou-se a designação de uso corrente durante o século XVIII. A origem do termo quilombo parece ter sido a palavra *ki-lombo*, utilizada, especialmente em Angola, para denominar a organização social de comunidades guerreiras formadas por membros de etnias muito diversas. Os *ki-lombos* rejeitavam a organização social alicerçada na linhagem ancestral e nos grupos de parentesco, preferindo a coesão derivada de ritos de iniciação, que possibilita-

vam a admissão de todos na comunidade. Já que, graças à obstinação das forças de repressão, os quilombos viviam uma espécie de mobilização militar constante, podemos avaliar a relevância desse modelo africano para a organização dos fugitivos no Brasil. Essas ideias foram sustentadas por Schwartz, em *Segredos internos; engenhos e escravos na sociedade colonial — 1550-1835.*

Os quilombos foram duramente combatidos e, no esforço para destruí-los, tropas militares frequentemente auxiliaram os capitães-do--mato. Ao longo do período escravista, a engenhosidade e a tenacidade dos sistemas de defesa dos quilombos tiraram a vida de muitos soldados. Mas as baixas entre os quilombolas (os integrantes dessas comunidades clandestinas) eram, quase sempre, maiores, e os recapturados foram severamente castigados.

Apesar das derrotas quase inevitáveis diante das forças militares do Estado, mocambos e quilombos proliferaram no espaço e no tempo. O prolongado sucesso e a grande dimensão de uma das primeiras comunidades clandestinas de escravos — o Quilombo dos Palmares, no interior de Alagoas — devem ter inspirado muitos cativos no Brasil. A fundação de Palmares remonta à primeira década do século XVII, enquanto sua destruição total foi completada quase cem anos depois, em 1694. Embora as estimativas variem muito, parece que Palmares chegou a reunir cerca de 12 mil fugitivos. Essa população se espalhava por vários povoamentos interligados por uma forte organização de defesa. Ao longo das décadas, as muitas expedições contra Palmares foram derrotadas pelos quilombolas, que utilizavam táticas guerrilheiras com inteligência e êxito notáveis. Em 1692, as autoridades alistaram bandeirantes paulistas e tropas indígenas locais, que se juntaram às tropas regulares para mais uma tentativa de destruir Palmares. Durante dois anos, os esforços foram concentrados em desgastar as defesas periféricas. No assalto final ao principal vilarejo, mais de duzentos guerrilheiros foram mortos e quinhentos fugitivos capturados, enquanto outros duzentos teriam se suicidado.

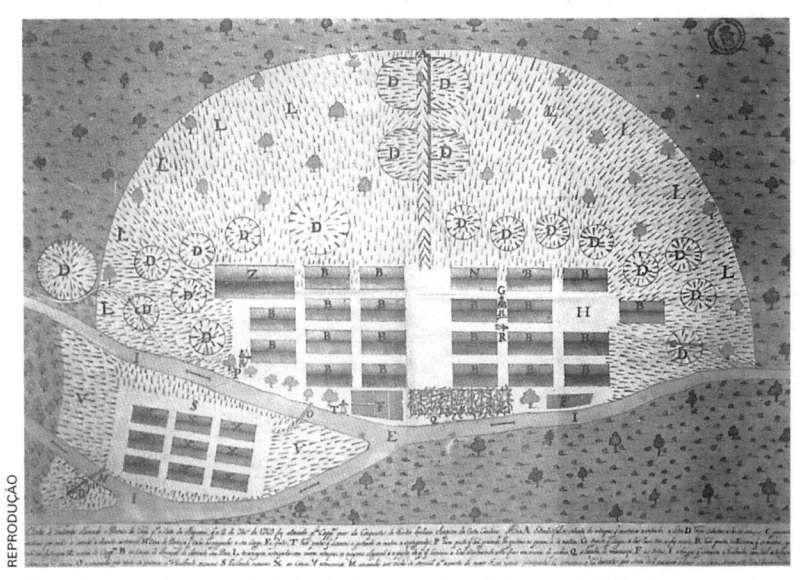

O detalhamento da planta do Quilombo Buraco do Tatu, Bahia, século XVIII, demonstra os enormes cuidados tomados pelos quilombolas para assegurar a defesa de suas comunidades.

Acredita-se que a figura acima seja a única representação do famoso Quilombo dos Palmares. (*Detalhe do Novo Mapa Geográfico e Hidrográfico contendo as prefeituras de Sergipe com Itapuama, Pernambuco, Itamaracá, Paraíba e Rio Grande*, 1643.)

Mas o sonho de Palmares não se extinguiu com sua derrota. Na verdade, o Brasil escravista nunca ficou livre dos quilombos. Eles existiam na periferia de todos os centros urbanos e nas regiões de maior concentração de escravos, do Pará ao Rio Grande do Sul. As regiões mineradoras constituíram um terreno particularmente fértil para a formação destas comunidades clandestinas. Com efeito, ao longo do século XVIII, as autoridades das vilas mineiras nomearam nada menos que quinhentos capitães-do-mato. Nesse mesmo século, chegaram a existir centenas de quilombos, dos maiores aos menores. Alguns foram instalados muito perto, ou mesmo dentro, das áreas urbanas e estabeleceram relações comerciais com moradores das vilas e arraiais. Houve até casos de negócios realizados entre quilombolas e autoridades coloniais corruptas. Mas o grosso do comércio foi mantido com libertos e libertas e com alguns escravos e escravas proprietários de vendas e de tabuleiros.

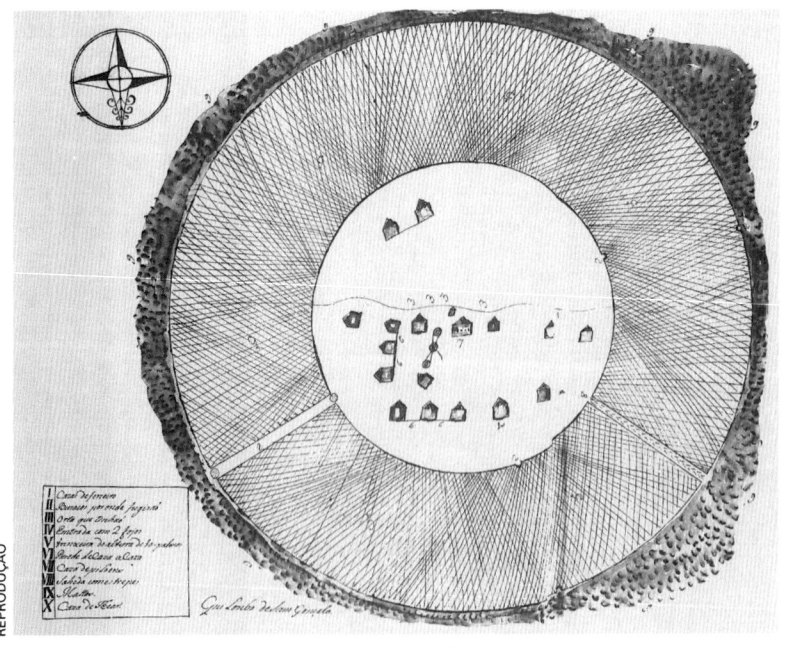

Quilombos bem fortificados, como o que aparece na figura, surgiam tanto em regiões remotas quanto ao lado de áreas urbanas. (Planta do Quilombo de São Gonçalo, Minas Gerais, século XVIII.)

Já no final do século XIX, com a consolidação da campanha abolicionista, os quilombos continuaram a proliferar, agora com a ajuda de uma população livre simpática à causa. Outras centenas de quilombos que existiram pelo Brasil afora nunca foram identificadas pelos historiadores, talvez por não terem deixado muitos registros de sua existência. Acreditamos, entretanto, que pesquisas mais aprofundadas deverão, cedo ou tarde, identificar essas comunidades na extensa documentação ainda pouco explorada de nossos arquivos, museus e bibliotecas.

Se os quilombos foram uma constante fonte de preocupação para senhores e autoridades, o verdadeiro pesadelo foi a revolta escrava. Afinal, um levante generalizado poderia ter consequências desastrosas, provocando o colapso do próprio sistema escravista, como aconteceu no Haiti, no final do século XVIII.

> A Revolução Haitiana de 1791, que resultou na independência da colônia francesa e na fundação da primeira República negra da história, teve seu início em uma série de revoltas de escravos.

Uma revolta espalhava o medo por regiões inteiras, paralisava o ritmo produtivo e podia causar mortes entre combatentes e inocentes. Uma vez debelada, resultava em demorados processos judiciais e em severas punições oficiais. A revolta representava, enfim, uma ruptura do sistema e, portanto, a simples suspeita de uma conspiração escrava, invariavelmente, provocava uma reação repressora violenta.

As suspeitas eram relativamente comuns, para desgraça das populações escravas. Já as deflagrações de rebeliões eram bastante raras. No caso desta expressão extremada de resistência escrava, a frequência tinha pouca importância. Para um senhor de escravos, a notícia sobre a ocorrência de uma única revolta, mesmo distante, era suficiente para convencê-lo da fragilidade de seu mundo.

E se por um lado o terror que a mera suspeita ou a eclosão de uma revolta escrava inspirava nas camadas senhoriais poderia até encorajar novas conspirações, por outro, as diminutas chances de êxito e a furiosa reação de autoridades e de senhores poderiam impedir a ação de muitos revoltosos em potencial. O mais impressionante aspecto das conspirações escravas no Brasil foi a capacidade demonstrada por seus participantes de analisar a situação do momento e de avaliar as possibilidades de êxito.

De maneira bastante coerente e habilidosa, os escravos escolheram o caminho da revolta nos momentos de conflito entre facções das elites brancas. As invasões do Brasil por potências europeias frequentemente estimularam a rebelião escrava. A ocupação holandesa de partes do Nordeste (de 1624 a 1654) e os conflitos resultantes com forças portuguesas e milícias coloniais corresponderam à fase de consolidação do Quilombo dos Palmares. Os pequenos e os grandes distúrbios civis, que tanto marcaram o período colonial, também foram considerados propícios à revolta por alguns cativos. Durante o Império, os eventos que conduziram à renúncia de D. Pedro I e a politicamente conturbada Regência constituíram um terreno fértil para dezenas de levantes escravos por todo o Brasil. A década de 80 do século XIX foi marcada por inúmeras revoltas e sedições. Os escravos avaliavam — corretamente, aliás — que a rebeldia declarada iria apressar a abolição da escravidão no País.

A diversidade dos povos africanos escravizados no Brasil impressionou muito os visitantes estrangeiros, que nos legaram ricas imagens como essas. (*Escravos negros de diferentes nações* [negras], Debret.)

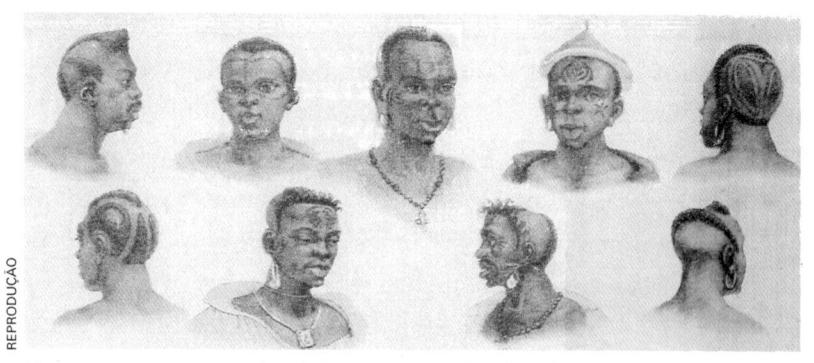

Marcas corporais e cortes de cabelo eram carregados de simbolismos, eram identificações etnoculturais e acompanharam os africanos que vieram escravizados para o Brasil. (*Escravos negros de diferentes nações* [negros], Debret.)

A revolta mais conhecida e estudada é a dos **malês**, ocorrida em Salvador (Bahia), em 1835. Desde o início do século, havia na cidade uma grande concentração de africanos praticantes do islamismo. Essa religião serviu como importante elo de solidariedade entre certos grupos étnicos. A revolta foi planejada para ocorrer em uma data julgada propícia para empreendimentos dessa natureza pelo calendário do Islã. Era domingo, 25 de janeiro, dia de Nossa Senhora da Guia, importante dia santo, amplamente comemorado pela comunidade branca da Bahia. Mas o início do levante teve de ser antecipado, devido a uma delação feita por uma escrava, o que, provavelmente, em muito contribuiu para seu fracasso. Diga-se de passagem, a delação sempre foi um problema sério na elaboração de planos para as revoltas e, muitas vezes, os delatores também eram escravos. De qualquer modo, eliminada a surpresa, a Revolta dos Malês foi debelada após um dia de lutas sangrentas pelas ruas de Salvador. Mais de uma centena de escravos e forros foram presos.

Com base na documentação judicial gerada pelos processos contra esses acusados, é possível saber mais sobre essa revolta. Quase todos os rebeldes eram adeptos do islamismo, embora alguns escravos de origem africana não muçulmana também tenham participado do levante. Forros praticantes do Islã desempenharam um papel de relevância na fase de elaboração dos planos. Totalmente ausentes eram os escravos e os forros nascidos no Brasil. O plano era tomar pontos estratégicos de Salvador para semear a revolta maciça no recôncavo açucareiro. Se tivesse funcionado, os crioulos e os pardos seriam mantidos no cativeiro e os brancos, escravizados.

Não podemos considerar a Revolta dos Malês como típica dos levantes escravos no Brasil. A participação exclusiva de africanos na conspiração não foi característica da maioria das rebeliões ocorrida no período escravista. Nem a presença islâmica como elemento religioso de integração foi comum. Africanos e crioulos souberam, muito bem, cooperar no planejamento e na execução de revoltas, não obstante suas diferenças, consideradas por muitos senhores como intransponíveis.

Na verdade, muitas vezes escravos nascidos no Brasil e com supostos privilégios dentro do arranjo paternalista lideraram seus companheiros de origem africana contra o sistema. Para o desgosto dos senhores, a participação de forros em muitas revoltas, como a dos malês, deixava claro que nem a alforria garantia a fidelidade dos beneficiados. A solidariedade, nascida na senzala, podia estender-se para além de suas paredes.

5. Fim da entrada de africanos e novos arranjos nacionais

Com a recuperação da agricultura e a expansão do café no século XIX, aumentou a entrada de escravos africanos no Brasil. Depois da Independência, houve pressões externas no sentido de se proibir o tráfico atlântico de escravos. A proibição de 1831 foi descumprida pelos brasileiros e, finalmente, em 1850 o tráfico deixou de existir. A partir daí, a transferência de cativos entre as províncias sofreu um grande aumento.

Suprimindo o tráfico negreiro para o Brasil

Nas últimas décadas do século XVIII, a colônia viveu o que alguns estudiosos denominam um renascimento agrícola, que coincidiu com o declínio acentuado da produção de ouro. O setor de exportação liderou a retomada econômica. A indústria açucareira foi reanimada pelo rápido crescimento da demanda mundial e pelo colapso da produção na Ilha de São Domingos depois da Revolução Haitiana. Nesse mesmo período, os cultivos de arroz e de algodão desenvolveram-se rapidamente no Maranhão. Ainda no final do século XVIII e no início do XIX, a grande demanda de algodão por parte do setor de fiação na Inglaterra estimulou seu plantio pelo interior da Região Nordeste e em diversas áreas do centro-sul e do oeste do Brasil.

No fim do século XVIII e nas primeiras décadas do século XIX, o algodão surgiu como um importante produto de exportação brasileiro. (*Algodão no Brasil*, Fumagalli.)

Com variados graus de sucesso, eram produzidos, também, anil, baunilha, cacau, seda, chá e café, entre outros itens.

De todas essas experiências, sabemos que foi o café que melhor se adaptou ao solo e ao clima das regiões montanhosas do centro-sul brasileiro. No início do século XIX, a cafeicultura propagou-se, primeiro no entorno da corte e, depois, rapidamente, pelo vale do Rio Paraíba do Sul, dentro dos limites da Capitania do Rio de Janeiro. Logo após a Independência do País, expandiu-se pelas províncias de São Paulo, Minas Gerais e Espírito Santo. Já na década de 1830, o café tornou-se o principal produto de exportação do Brasil, desbancando para sempre o açúcar.

A ascendência do café, na verdade, foi paralela ao fraco desempenho da indústria açucareira no Brasil, que teve de competir com o açúcar cubano e o de beterraba, este desenvolvido na Europa continental durante os bloqueios napoleônicos. Ao mesmo tempo, os senhores de engenho do Nordeste, de maneira bastante diferente da de seus colegas cubanos, não souberam adotar as novas tecnologias de refino e de transporte que revolucionavam a indústria da época.

Com o café, a Região Sudeste consolidou-se como a mais **dinâmica do País**, a despeito da decadência da mineração em Minas Gerais.

Sem o braço escravo, o Império do Brasil jamais teria se tornado o maior produtor de café do mundo. (*A partida para a roça*, F. Sorrieu.)

O novo vigor na agricultura, porém, não se **restringiu à produção para exportação**. Em Minas Gerais, por exemplo, o café penetrou em área bastante restrita, enquanto vasta parte da economia da província voltava-se para o abastecimento do mercado interno. Essa tendência mineira repetia-se em Santa Catarina, no Rio Grande do Sul, no Paraná e, também, embora em menor grau, nas províncias a oeste e no interior do Nordeste.

O que importa para nós é que essa renascença, em todas as suas formas, baseou-se, essencialmente, no braço escravo. Por isso mesmo, o tráfico negreiro internacional continuou como um dos principais sustentáculos do escravismo brasileiro. Na verdade, o ritmo do comércio de escravos recém-chegados da África nunca foi tão intenso como o de 1810 a 1850. E foi nesse ano de 1850 que, finalmente, o tráfico para o Brasil terminou oficialmente. Ora, ao longo de todo o século XVIII o tráfico introduzira, aproximadamente, 2 milhões de africanos na colônia. Para a primeira metade do século XIX, os números são ainda mais impressionantes: algo em torno de 1,7 milhão de africanos foram desembarcados.

Ironicamente, o aumento na intensidade do tráfico negreiro para o Império brasileiro (ou português, antes de 1822) acontecia em um contexto internacional cada vez mais desfavorável à continuidade do comércio de seres humanos. Em 1807, após três décadas de uma mobilização popular sem precedentes na história britânica, o Parlamento daquele país proibiu seus súditos de participar do tráfico. Acabaram-se de vez as importações de africanos pelas colônias inglesas. No ano seguinte, os Estados Unidos honraram compromissos diplomáticos já assumidos e, também, colocaram o tráfico na ilegalidade. Mas o término do tráfico britânico é o marco histórico mais significativo. Foi o primeiro passo de uma obstinada campanha, promovida pela Grã-Bretanha, para acabar com o comércio internacional de escravos no mundo inteiro. Grande parcela de seus súditos compartilhava a crença na imoralidade da escravidão e via na cessação do tráfico um golpe fatal para as instituições escravistas. A nação mais poderosa da época investiu em manobras diplomáticas, mais tarde apoiadas por sua potente Marinha Real. As demais nações, entre elas o Brasil, tiveram de extinguir o comércio negreiro.

O tráfico negreiro para o Brasil só terminou em 1850, com a promulgação da Lei Eusébio de Queirós. (*Desembarque*, Rugendas.)

A primeira metade do século XIX corresponde à consolidação do capitalismo industrial inglês e, portanto, da ideia de que a única maneira correta de trabalho seria o assalariamento, em oposição ao trabalho escravo, que não mais deveria existir.

Uma das primeiras manobras diplomáticas britânicas envolveu o Brasil. Em 1810, a Coroa portuguesa, recém-instalada no Rio de Janeiro com ampla ajuda dos ingleses, cedeu às pressões de Londres. As atividades dos negreiros portugueses foram limitadas às terras do Império luso. Durante as negociações de paz em 1814 e 1815, que se seguiram às Guerras Napoleônicas e novamente em um tratado de 1817, os britânicos arrancaram concessões dos portugueses, proibindo o tráfico ao norte da linha do Equador. Houve, porém, constantes violações desse acordo por parte dos portugueses, dos brasileiros e de comerciantes de outras nacionalidades, o que, a partir de 1820, provocou campanhas navais britânicas de captura de navios negreiros que comerciavam nas zonas proibidas.

O grande golpe foi dado durante as prolongadas negociações sobre o reconhecimento da Independência brasileira: a Grã-Bretanha impôs a cessação total do tráfico negreiro para o Brasil, a partir de 1831.

Em antecipação ao cumprimento desse tratado, no quinquênio 1826--1830, os comerciantes negreiros aumentaram freneticamente seus negócios, importando cerca de 250 mil africanos. No quinquênio seguinte, o tráfico atlântico, então ilegal, desembarcou apenas 93 mil "peças". Não obstante, alimentada, sobretudo, pela rápida expansão da cafeicultura, a demanda por novos escravos cresceu consideravelmente. E o tráfico voltou a funcionar a pleno vapor, apesar das tentativas da Marinha britânica de suprimi-lo. De modo geral, as autoridades brasileiras, teoricamente comprometidas com o cumprimento do tratado, fingiam não perceber essa retomada do tráfico. Na Câmara dos Deputados e no Senado do Império, os debates sobre o tráfico eram infindáveis. Tinham como objetivo adiar uma solução definitiva, que, claramente, dependia da cooperação efetiva das forças policiais e navais brasileiras.

A partir de 1840, diante da complacência brasileira, as pressões britânicas aumentaram. Se antes os navios ingleses restringiam as capturas à costa da África ou ao mar aberto, agora investiam nas águas do litoral brasileiro. Foi promulgada pelas autoridades inglesas, em 1845, a Lei Aberdeen, que declarou o direito de a Marinha britânica entrar em águas marítimas brasileiras. Nesse ano, navios de guerra começaram a penetrar nos portos do Brasil à caça de embarcações negreiras. Tais agressões contra a soberania brasileira insuflaram o nacionalismo no País, e o governo resistiu às pressões por mais cinco anos. Em 1850, após anos de muita discussão e pouca ação efetiva, a Lei Eusébio de Queirós proibiu definitivamente o tráfico de africanos para o Brasil. Depois dessa lei, ainda entraram alguns africanos traficados, mas muito poucos comparados à situação anterior.

Que as ações britânicas contra o tráfico negreiro representaram séria afronta à soberania brasileira, não se pode negar. Mas essa campanha tem sido interpretada de uma maneira equivocada e simplista, como uma mera manifestação do imperialismo britânico. Considera-se que ela conspirava para sufocar a escravidão no Brasil e, também, nas outras regiões escravistas das Américas. Sobretudo teria visado transformar escravos em trabalhadores livres, capazes de comprar mercadorias produzidas nas fábricas inglesas. Ora, em primeiro lugar, durante a primeira metade do século XIX, o Brasil escravista constituiu um dos mais importantes e promissores parceiros comerciais da Grã-Bretanha. Por isso, temerosos da reação brasileira, os representantes do setor industrial no Parlamento britânico se opuseram à repressão do tráfico negreiro exclusivamente voltada contra o Império do Brasil. Apesar disso, o governo britânico permaneceu implacável e perseguiu a meta de extinguir o tráfico. As razões dessa marcante posição são complexas, mas podem ser resumidas em uma firme convicção de que o tráfico negreiro era moralmente condenável. Convicção já compartilhada, note-se, por boa parte da sociedade britânica e pela opinião pública do continente europeu e de outros países ocidentais. Enfim, o mundo "civilizado" (classificação típica da época) voltava-se contra o comércio negreiro. Nesse contexto, a Grã-Bretanha desempenhava o papel que cabia à nação mais poderosa do mundo.

"É preciso não ter ideia alguma do que se passa na Inglaterra, nunca ter lá estado para não se reconhecer que lá, desde o mais ínfimo criado até o mais elevado lorde, todos clamam contra o tráfico, e exigem do governo que acabe com ele, que acabe com a escravidão, até nem se admite questão sobre isso."

Anais da Câmara dos Senhores Deputados, discurso de José Martins da Cruz Jobim, deputado pela província do Rio de Janeiro, em 22 de janeiro de 1850.

O tráfico interno de escravos

Com a proibição definitiva do tráfico negreiro internacional, em 1850, os preços de escravos subiram rapidamente no Brasil. No mercado interno — ou interprovincial, como também é chamado —, as compras tendiam a concentrar-se entre produtores mais prósperos. Na verdade, tratava-se de uma redistribuição, em nível nacional, de um recurso cada vez mais escasso: a mão de obra escrava. Em termos regionais, isso significou que as áreas de cafeicultura, ainda em fase de expansão, tornaram-se as grandes receptoras dos cativos colocados à venda por seus proprietários. Principalmente a partir de 1860, as províncias de São Paulo, do Rio de Janeiro, do Espírito Santo e de Minas Gerais foram as principais importadoras. Em quase todas as demais províncias, a população escrava começou a diminuir, mais ou menos aceleradamente, sobretudo em consequência das exportações. O tráfico interno de escravos acabou levando muitos deles do Norte para outras regiões do País, principalmente, o centro-sul. Ainda assim, as áreas açucareiras de Pernambuco, da Bahia e de Sergipe mantiveram suas forças de trabalho escravo sem grandes alterações, importando cativos do interior. Pelo menos até 1872, a população escrava de Sergipe não havia declinado. Isso indica que a redistribuição dos cativos, direcionando-os para o centro-sul cafeeiro, não ocorreu de maneira tão mecânica. Significa que, mesmo numa economia decadente, áreas do Norte mantiveram a dimensão de sua população escrava e, em alguns casos, ampliaram-na.

Além do tráfico interprovincial propriamente dito, havia uma redistribuição dentro das províncias cafeeiras. O volume desse tráfico intraprovincial provavelmente se aproximou do volume total de escravos deslocados para o centro-sul. Em primeiro lugar, tal como no restante do País, as cidades dessa região assistiram à retirada de grande parte de sua população escrava. A cidade do Rio de Janeiro, sozinha, cedeu às plantações de café milhares de cativos engajados no trabalho doméstico, no comércio, nos ofícios e nas pequenas manufaturas.

Mas os agricultores e outros proprietários não ligados ao setor de exportação também foram seduzidos pelos altos preços que cafeicultores pagavam pelos escravos. Minas Gerais, por exemplo, importou relativamente poucos escravos de outras províncias, mas a Zona da Mata, única região cafeeira da província, viu sua população cativa crescer bastante na segunda metade do século, graças a um volumoso tráfico interno.

Símbolo da riqueza proporcionada pela mineração de ouro no século XVIII, capitais como Ouro Preto perdem importância diante do desenvolvimento agrícola que marcou o século XIX. (Imagem de 1870.)

Essa progressiva concentração de escravos nas regiões produtoras de café diminuiu a importância da diversificação, que tanto marcara o passado do escravismo brasileiro, e, sem dúvida, contribuiu para o enfraquecimento da base de apoio social da escravidão. Paralelamente, um terrível conflito civil pusera fim, em 1865, à escravidão nos Estados Unidos. Assustadas com o exemplo norte-americano, as Assembleias Legislativas provinciais do Sudeste brasileiro, a partir de 1880, sobretaxaram os deslocamentos inter-regionais para dificultá-los. Foi o fim do tráfico interprovincial. Mas era tarde demais, pois o sentimento antiescravista já estava solidamente disseminado em boa parte da sociedade brasileira.

6. Rumo a um Brasil sem escravidão

No Brasil do século XIX, muitos eram contrários à continuidade da escravidão no País. O movimento abolicionista ficou mais importante depois do fim da Guerra do Paraguai e com as leis do Ventre Livre e do Sexagenário. A Lei Áurea, de 1888, decretou o fim da escravidão no Brasil, mas já eram relativamente poucos os escravos que existiam naquele momento.

O movimento abolicionista

Nas primeiras discussões acerca do tráfico negreiro internacional, alguns parlamentares acusavam o Brasil de caminhar na contramão da história, por apegar-se ao escravismo. Afirmavam que a escravidão representava a barbárie e o atraso, enquanto o trabalho livre constituía a civilização e o progresso. Apropriavam-se assim de ideias **evolucionistas** e **etnocentristas**, típicas daquele tempo.

> "Podemos importar a barbaridade africana e não queremos a civilização europeia?"
> Anais da Câmara dos Senhores Deputados, discurso de Francisco Acayaba de Montezuma, deputado pela província da Bahia, em 3 de julho de 1838.

"Eu sei que advogar a causa da emancipação da escravatura ou acabar com este tráfico de carne humana é ir contra a opinião quase geral, mormente a dos agricultores, porque julgam que sem os escravos africanos não pode haver agricultura, e assim, logo que se fala da não entrada de escravos, perguntam: como havemos de plantar o café? Entretanto, tal princípio é falso, nem seria difícil mostrar que o comércio da escravaria tem produzido os maiores males do Império; o comércio da escravaria é uma das causas primordiais da nossa imoralidade e da desgraça do Brasil; o Brasil nunca há de ser nada enquanto tiver escravos!"

Anais da Câmara dos Senhores Deputados, discurso de Caetano Maria Lopes da Gama, deputado pela província de Pernambuco, em 4 de agosto de 1840.

Aos poucos, ao longo da segunda metade do século XIX, a opinião pública foi se convencendo disso. É preciso lembrar que, com o passar dos anos, o País ficava cada vez mais isolado. Com a abolição, em 1854, no Peru e na Venezuela, o Brasil tornou-se a única nação escravista do continente sul-americano. Em 1865, foi a vez de os Estados Unidos extinguirem um dos mais importantes sistemas escravistas das Américas. As florescentes sociedades antiescravistas daquele país e da Europa concentraram suas pressões contra a Espanha, cujas colônias — Cuba e Porto Rico — mantinham cativos, e contra o Brasil. As campanhas internacionais contra a escravidão sensibilizavam muitos brasileiros, que começavam, enfim, a criar as primeiras organizações abolicionistas no País.

Apesar das pressões internacionais, foi devido a uma série complexa de acontecimentos internos que no Brasil a escravidão chegaria ao fim. Em face da resistência ao recrutamento militar durante a Guerra do Paraguai, o governo ofereceu liberdade aos escravos que se alistassem. A valentia e a lealdade desses voluntários comoveram seus camaradas livres, especialmente os oficiais. Essa experiência de guerra despertou um sentimento antiescravista nas Forças Armadas brasileiras, particularmente no Exército, onde crescia o descontentamento quanto ao seu papel de sustentáculo da ordem escravocrata.

Na segunda metade do século XIX, já começam a surgir ideias abolicionistas no Brasil. (*Uma nuvem que cresce cada vez mais*, caricatura da *Revista Ilustrada*, 1880.)

Durante a Guerra do Paraguai, muitos escravos voluntários lutaram no Exército brasileiro e foram contemplados com a alforria por seus esforços. (*Parte de um quartel brasileiro na Guerra do Paraguai*, óleo de autor desconhecido.)

Cada vez mais os clubes militares espalhados pelo País posicionavam-se contra a escravidão. O sentimento abolicionista culminou, na década de 1880, com a recusa do Exército em participar da caça aos escravos fugitivos.

> "A abolição da escravidão, quer o governo queira, quer não queira, há de ser efetuada num futuro próximo."
>
> Rui Barbosa, no jornal *Radical Paulista*, em 25 de junho de 1869.

Terminada a Guerra do Paraguai, o governo imperial resolveu solucionar, definitivamente, a chamada questão servil. Insistiu em um plano de emancipação gradual e ordeira da escravidão no Brasil. A proposta Rio Branco — que levou o nome do primeiro-ministro brasileiro da época —, ou Lei do Ventre Livre, como ficou conhecida popularmente, foi promulgada em 28 de setembro de 1871. De acordo com ela, dali por diante todas as crianças nascidas de mães escravas seriam consideradas livres. Cabia aos senhores zelar pela criação dos "ingênuos", termo oficial com o qual eram designados esses meninos e meninas, até a idade de 8 anos. A partir daí, os senhores teriam de optar pela libertação, em troca de títulos públicos, ou pelos serviços das crianças, que se estenderia até os 21 anos de idade. É claro que a maioria dos senhores preferiu a segunda opção. A lei também ordenava a matrícula dos escravos, em todos os municípios do País, para facilitar o trabalho das Juntas de emancipação criadas pela mesma legislação. As Juntas foram incumbidas de utilizar um fundo emancipacionista, alimentado por impostos especiais, para a compra da liberdade de escravos merecedores. Casais escravos com filhos "ingênuos" seriam os primeiros beneficiados.

O que se pretendia com a Lei do Ventre Livre? Os objetivos básicos eram dois: primeiro, esvaziar o ainda nascente movimento abolicionista. O segundo era assegurar aos setores produtivos, sobretudo o da agroexportação, mão de obra e tempo suficientes para uma transição ordeira para o trabalho assalariado. Daí seu caráter extremamente gradualista. Imaginemos o seguinte: um escravo que nascesse na primeira metade do ano de 1871, antes da lei, portanto, poderia morrer, ainda escravo, na segunda metade do século XX. Percebe-se, aqui, a incompatibilidade dos dois objetivos. Essa suposta solução definitiva das elites escravistas, visto levar várias gerações para concretizar-se, obviamente poderia provocar o reacendimento das chamas libertadoras. Quanto à intenção de acabar com a agitação abolicionista, de modo geral, durante boa parte dos anos seguintes a estratégia funcionou. Os que exigiam uma abolição incondicional e imediata ficaram politicamente isolados; mas a lei havia criado a expectativa de que seus mecanismos iriam, mesmo que aos poucos, solapar os alicerces do sistema. Por um período de mais de três séculos, proprietário e escravo relacionaram-se, quase que exclusivamente, no mundo privado do domínio senhorial. Agora, o Estado tornava-se um intermediário em potencial. Para os conhecedores da história recente de outras regiões escravistas, o intervencionismo do Estado apontava para o fim, mais ou menos próximo, da escravidão. Entre os bons conhecedores dessa história, encontravam-se os próprios escravos.

Na verdade, a Lei do Ventre Livre funcionou mal e lentamente. O número de "ingênuos" libertados em 1879 e 1880, quando muitos haviam alcançado os 8 anos de idade, era tão pequeno que tornava a lei ridícula. Já as Juntas municipais de emancipação raramente produziam os resultados esperados. Até o final de 1880, em todo o País, apenas 4,5 mil escravos haviam sido libertados pelo Fundo de Emancipação, ou seja, apenas 0,3% da população escrava do Brasil naquele ano.

A partir de 1880, essa inércia provocou uma segunda onda de agitação abolicionista — desta vez mais forte e com maior apoio da sociedade. As iniciativas dos grupos abolicionistas eram bastante variadas, sendo a campanha a favor da libertação voluntária (alforrias passadas pelos senhores) a mais importante na primeira metade da década. Tais libertações logo superaram, e em muito, as promovidas pelo Estado, o que demonstrava que a sociedade civil caminhava à frente das autoridades públicas.

A campanha teve grande sucesso no Nordeste, onde a transição para o trabalho assalariado já havia avançado, devido à enorme saída de escravos para outras regiões do País por meio do tráfico interno. Entre 1882 e 1884, todos os cativos do Ceará foram libertados e essa província tornou-se um refúgio para os escravos foragidos das províncias vizinhas.

Diversos municípios espalhados pelas regiões Norte, Nordeste e Sul seguiram o exemplo cearense, libertando seus escravos e declarando-se territórios "livres". A pequena população escrava da província do Amazonas também foi libertada no segundo semestre de 1884. No Rio Grande do Sul, o movimento baseou-se, inicialmente, na libertação condicional, isto é, por meio de contratos que obrigavam os "ex-escravos" a trabalhar por mais alguns anos sem remuneração. Porém, até 1885, mais de 85% dos escravos gaúchos haviam sido libertados sem qualquer condição.

Últimos suspiros: a vitória abolicionista

Podemos afirmar que, por volta de 1885, o Brasil escravista encontrava-se reduzido às províncias do centro-sul. Embora a libertação incondicional dos escravos tivesse se tornado moda entre os senhores "esclarecidos", aparentemente influenciados por alguns padres, essa era uma atitude isolada. Na verdade, era muito forte o apego à escravidão demonstrado pela maioria dos senhores. Mais impressionante ainda era a incapacidade do governo imperial para acompanhar o desenrolar dos acontecimentos.

Somente em 1885 é que a libertação condicional dos escravos idosos, ou seja, aqueles com 65 anos de idade ou mais, passou a vigorar. Era a Lei Saraiva-Cotegipe, mais conhecida como Lei dos Sexagenários. Imaginem que, àquela altura, um escravo nascido pouco antes da Lei do Ventre Livre poderia prever sua libertação definitiva somente para o ano de 1936.

Em 1886, o Parlamento brasileiro proibiu o castigo por açoitamento, este sim um sério golpe à dominação senhorial. É difícil não relacionar essa intervenção do Estado com a crescente participação direta dos escravos na agitação abolicionista. O recurso ao chicote sempre havia representado, em termos simbólicos e reais, a autoridade inquestionável do senhor.

De qualquer modo, os dois anos seguintes foram marcados pela desobediência, pela sabotagem, por revoltas e por inúmeras fugas individuais e em massa. A verdade é que o mundo dos senhores de escravos havia se transformado num inferno caótico. A maioria dos senhores prosseguia aguentando o inferno e insistia que a libertação geral e incondicional teria de ser acompanhada por indenizações pelas perdas, pagas com dinheiro público. É claro que aos escravos pouco interessava o debate sobre indenização, e a cada mês a situação deteriorava-se ainda mais. Nos meses finais de 1887 e nos iniciais de 1888, generalizou-se, no Sudeste, a libertação condicionada, que obrigava os cativos a, pelo menos, completar a colheita de café já iniciada.

À luz dessa realidade, podemos afirmar que a assinatura, pela princesa Isabel, da chamada Lei Áurea, em 13 de maio de 1888, decretando a abolição geral e irrestrita da escravidão no Brasil, constituiu pouco mais que o reconhecimento oficial de um fato já consumado.

A Lei do Sexagenário foi objeto de muitas críticas por parte dos senhores, de políticos e da imprensa, como as caricaturas da época demonstravam. (*Revista Ilustrada*)

Chegava ao fim o último regime escravista das Américas, que havia existido por mais de 350 anos. O Brasil foi tomado por uma onda de comemorações que celebravam, ao mesmo tempo, o término da agonia dos escravos e a entrada do País na lista das nações "civilizadas". Era, pelo menos, o que desejava uma parcela da sociedade e dos políticos do Império.

A escravidão terminou oficialmente com a assinatura da Lei Áurea pela princesa Isabel, mas as relações sociais mantiveram por muito tempo aspectos claramente escravistas.

Considerações finais

De modo geral, a Lei Áurea representou a última intervenção do Estado monárquico brasileiro na vida dos, agora, ex-escravos. Nunca existiram, por exemplo, políticas que visassem à integração deles no mercado de trabalho livre. Foram abandonados à própria sorte e tiveram de contar, talvez como nunca, com sua capacidade de adaptação. Quando muito, conseguiam algum tipo de parceria com agricultores ou um subemprego nos centros urbanos.

A agricultura de exportação sobreviveu à abolição alicerçando-se no braço do imigrante, em São Paulo, ou utilizando o trabalho dos ex-escravos, no resto do País. A Monarquia, por seu turno, não teve o mesmo destino. A Proclamação da República brasileira, em 1889, foi, sob certos aspectos, uma espécie de vingança da elite de ex-proprietários de escravos contra a traição abolicionista do Império.

No Brasil, a partir de 1888, não mais existia, oficialmente, a escravidão. Contudo, outras formas de exploração do trabalho já vinham sendo desenvolvidas. Há apenas pouco mais de um século, ainda era possível escravizar pessoas e obrigá-las a trabalhar duro. Vigoram ainda hábitos escravistas que, mesmo escamoteados, impregnam as relações de mando e de trabalho no Brasil atual. Permanece a incorreta e injusta percepção de que os negros e os mestiços brasileiros são menos inteligentes, menos capazes e menos importantes que os brancos. Tudo isso continua existindo, malgrado as disposições em contrário incluídas em nossa Constituição.

O posicionamento antiquado e obsoleto em relação ao trabalho, bem como a preservação de valores considerados civilizados por uma minoria poderosa continuam quase inabaláveis no universo cultural brasileiro. E, embora não exclusivamente, são os descendentes de antigos escravos que moram em casebres, em favelas; são eles os que não conseguem empregos dignos, engrossam as fileiras de desempregados, pobres e famintos e encontram-se fora das escolas. As atividades consideradas indignas de ser desempenhadas pelos "bem-nascidos", de maneira idêntica ao que se pensava antigamente, são naturalmente associadas à parcela menos favorecida dos brasileiros.

Mais de cem anos após a abolição, muitas formas de trabalho e de relacionamentos sociais no Brasil guardam semelhanças com o período escravista.

Não causam espanto, assim, as recentes denúncias de práticas escravistas existentes em algumas regiões do interior do Brasil. Elas são sustentadas por um conjunto comportamental que, no fundo, ainda se mantém ligado a antigas práticas escravistas, as quais, embora maquiadas, estão vivas entre nós.

Este livro é, portanto, um convite para refletirmos juntos sobre nosso passado, sobre nosso presente e sobre como desejamos viver no Brasil em um futuro próximo. Para que possamos realizar bem essa tarefa, não duvidamos nunca da importância de sabermos mais, e sempre mais, sobre nossa história.

Glossário

Alforriado. Ex-escravo que comprou ou ganhou sua carta de alforria, isto é, sua libertação do cativeiro. O alforriado também era chamado de forro, de liberto ou de manumitido.

Anil. Substrato extraído da folha do indigueiro e usado para o tingimento de tecidos, obtendo-se a coloração azul. (Vem daí o termo índigo.)

Caldeireiro, escumeiro e purgador. Nos engenhos de açúcar, eram os trabalhadores responsáveis, respectivamente: pela manipulação das caldeiras, isto é, dos grandes recipientes de metal onde o caldo da cana era fervido; pela retirada da espuma formada na superfície das caldeiras, quando o líquido estava fervendo; e pelo processo de limpeza do açúcar produzido.

Capitania. Unidade administrativa na divisão territorial do Brasil Colônia adotada por Portugal desde o século XVI até o início do século XIX. Equivaleria hoje a um estado da Federação.

Cativeiro. Escravidão.

Comércio triangular. Trajeto seguido pelos navios utilizados no comércio colonial: Europa-África-Américas-Europa. Em nosso caso, o trajeto era Portugal-África-Brasil-Portugal. Se traçarmos com linhas retas esses roteiros sobre um mapa-múndi, eles tomarão a forma de um triângulo. De modo geral, associa-se ao comércio triangular a noção de que manufaturados europeus eram trocados por escravos na África, que eram trocados por produtos tropicais ou coloniais (açúcar, fumo, algodão, café etc.) nas Américas, e os produtos americanos eram levados à Europa, onde eram negociados. O resultado teria sido a concentração de todos os lucros nas mãos dos mercadores europeus que, supostamente, controlavam todo o circuito. No entanto, nem sempre as mercadorias e os lucros obtidos completaram o traçado triangular. Em muitos casos, os ganhos foram divididos entre mercadores europeus e negociantes sediados tanto na África quanto nas Américas.

Crioulo. Termo comumente usado até o século XIX para designar as pessoas negras nascidas no Brasil, fossem elas filhas de africanos ou de brasileiros.

Dados censitários. Números e informações oficiais que indicam a população e estimam o volume das atividades econômicas de um país, estado etc. Hoje, por exemplo, os censos sobre a população brasileira são realizados pelo Instituto Brasileiro de Geografia e Estatística (IBGE). É a partir dessas pesquisas que podemos saber também como vivemos: os tipos de moradia e de equipamentos domésticos, em que área trabalhamos e quanto recebemos, ou qual é nosso grau de escolaridade.

Demografia. Estudo estatístico das populações, no qual se descrevem e se analisam as características de uma coletividade, como, por exemplo, o número de nascimentos e de mortes ocorridos em um período, assim como a migração.

Entreposto. Espécie de grande armazém ou depósito de mercadorias e, por extensão, uma localidade (centro urbano ou vilarejo) situada no cruzamento de rotas comerciais e que se dedicava ao armazenamento e à redistribuição de mercadorias.

Etnocentrismo. Pensamento ou prática que coloca uma etnia (um povo, uma nação) no centro de toda a lógica de explicação da sociedade humana. O eurocentrismo, por exemplo, coloca a Europa como centro de toda a história da humanidade, e em todas as explicações daí derivadas o caso europeu é o que serve como referência mais importante.

Evolucionismo. Linha de pensamento, muito importante na Antropologia do final do século XIX e início do século XX, que entendia a história do homem como uma evolução que se dava por meio de algumas etapas, as quais, por sua vez, caracterizavam uma sociedade. Os estágios sociais, pelos quais todas as sociedades passariam, eram: mais simples (selvageria), menos simples (barbárie) e complexo (civilização).

Excedente. Aquilo que excede, que ultrapassa um limite. Aqui, quando falamos de excedente agrícola, estamos nos referindo à parcela da produção agrícola que não foi consumida pelos próprios produtores e, por isso, pôde ser comercializada por eles.

Lavra mineral. Terreno de mineração. Em Minas Gerais, Goiás e Mato Grosso, as lavras forneciam ouro, diamantes e outros metais e pedras preciosas.

Mestiço. Nascido da união entre homem e mulher de grupos raciais diferentes. Por exemplo, um homem branco e uma mulher negra ou um homem negro e uma mulher índia. Muitos foram os termos empregados na identificação dos mestiços e, ainda hoje, há grande variedade deles. Os mais usados até o fim do período escravista eram: pardo, mulato, cabra, cafuzo, caboclo, mameluco, zambo.

Mestre-de-açúcar. Era o responsável pela supervisão de todo o processo de produção do açúcar dentro da casa de engenho, desde a moagem da cana até o encaixotamento do produto final.

Mocambo/Quilombo. Local organizado por escravos fugidos, no qual eles moravam e produziam alimentos, utensílios domésticos e ferramentas de trabalho, além de comercializar mercadorias.

Novo Mundo. Nome dado ao continente americano em oposição ao Velho Mundo, isto é, a Europa.

Paternalismo. Regime de organização de uma família ou de uma sociedade alicerçado na autoridade paterna. Ao pai, ou ao chefe do grupo, cabe o papel de prover, punir e proteger seus subordinados, em troca do trabalho e da produção, da obediência e da fidelidade deles. De certo modo, e principalmente em sua versão escravista, o paternalismo implicava direitos e obrigações mútuas entre senhores e escravos.

Plantation. Palavra inglesa que designava as grandes propriedades agrícolas que utilizavam mão de obra escrava e produziam para a exportação. Geralmente, cada *plantation* dedicava-se a um único produto, como, por exemplo, cana-de-açúcar, café, tabaco ou algodão.

Promiscuidade. Qualidade de promíscuo, aquele que tem vários parceiros sexuais, com os quais mantém relações, duradouras ou não.

Província. Em 1815, o Brasil é elevado à categoria de Reino Unido ao de Portugal e Algarve, e as antigas capitanias são transformadas em províncias, as novas unidades administrativas do território.

Quitanda. Termo usado para designar produtos comestíveis de fabricação caseira — como doces, bolos e biscoitos —, também chamados quitutes, que eram vendidos em tabuleiros ou em bancas, nas ruas e calçadas. O termo, com o passar do tempo, também foi sendo associado a pequenas vendas e lojinhas onde se vendiam essas e outras guloseimas.

Registros judiciais. Documentos produzidos pelo Poder Judiciário, isto é, pela Justiça, a partir da mediação de um juiz. Como exemplos, podem ser citados os processos em que se opunham os interesses de senhores e de escravos, os libelos e as querelas, as denúncias contra maus-tratos e arbitrariedades cometidas por certos proprietários contra seus cativos ou, ainda, os julgamentos de escravos que assassinaram seus donos ou feitores.

Reprodução natural. Meio pelo qual, historicamente, as populações se mantinham estáveis ou cresciam, quando os nascimentos igualavam ou excediam as mortes (descontadas as eventuais migrações). Em algumas regiões escravistas das Américas, era um modo de renovação ou até de ampliação do número de escravos, assim dispensando a necessidade de se recorrer à compra de novos cativos via tráfico. A formação de famílias escravas, muitas vezes incentivada pelos proprietários, permitia a intensificação de nascimentos internos.

Senado da Câmara. Órgão administrativo existente nas vilas e cidades coloniais do Brasil. No século XIX, os Senados das Câmaras foram transformados em Câmaras Municipais, mais ou menos como as conhecemos hoje.

Trabalho compulsório. Trabalho obrigatório, como o realizado por servos ou escravos.

Tropeiros/Comboieiros. Homens que se encarregavam de transportar, utilizando tropas de mulas, os produtos importados e os exportados pelas regiões brasileiras. Até hoje, em certas localidades, esse modo de transporte continua sendo praticado com frequência.

Bibliografia

Escravidão é um tema extremamente complexo, que pode ser estudado a partir de uma infinidade de aspectos e que quanto mais é pesquisado, mais suscita novas indagações, provocando novas inquietações, que resultam em novos estudos. A bibliografia sobre escravidão, portanto, é extensa, mas, aqui, pretendemos indicar títulos que consideramos essenciais para o leitor interessado em aprofundar seus conhecimentos sobre o assunto. É sempre difícil realizar essa seleção, pois sabemos que vários outros livros importantes não constam desta nossa lista. Contudo, foi necessário organizá-la sucintamente.

Para facilitar o uso dessa bibliografia, resolvemos apresentá-la a partir de alguns temas específicos, ainda que abrangentes. É claro que os livros não tratam apenas desses temas, não obstante se vincularem mais especificamente a eles. Além disso, optamos por priorizar os livros publicados em língua portuguesa, ainda que sejam traduções e que não abordem o caso brasileiro. Então, vamos a eles.

Entre os que podemos considerar clássicos, cuja leitura se tornou obrigatória com o passar do tempo, estão aqueles que abordaram a vida, os hábitos, as culturas dos africanos e de seus descendentes e, também, dos índios e dos mestiços, assim como as relações sociais entre os variados grupos sociais. Devem ser citados:

ANTONIL, André João. *Cultura e opulência do Brasil*. 3. ed. Belo Horizonte/São Paulo, Itatiaia/Edusp, 1982.

FREYRE, Gilberto. *Casa-Grande & Senzala — Formação da família brasileira sob o regime da economia patriarcal*. 27. ed. Rio de Janeiro, Record, 1990.

GENOVESE, Eugene D. *A terra prometida — O mundo que os escravos criaram*. (Tradução de Maria Inês Rolim e Donaldson Magalhães Garschagen) v. 1. Rio de Janeiro, Paz e Terra/CNPq, 1988.

HOLANDA, Sérgio Buarque de. *Caminhos e fronteiras*. 3. ed. São Paulo, Companhia das Letras, 1995.

RAMOS, Arthur. *O negro brasileiro*. 3. ed. São Paulo, Companhia Editora Nacional, 1951.

RODRIGUES, Nina. *Os africanos no Brasil*. v. 9. 6. ed. São Paulo/Brasília, Companhia Editora Nacional/Edunb, 1982.

VERGER, Pierre. *Fluxo e refluxo do tráfico de escravos entre o Golfo de Benin e a Bahia de Todos os Santos dos séculos XVII a XIX*. (Tradução de Tasso Gadzanis) São Paulo, Corrupio, 1987.

Sobre a escravidão urbana, a mobilidade escrava no ambiente urbano, o acúmulo de pecúlio por parte dos escravos, as alforrias e coartações, a ascensão socioeconômica de forros, a atuação das mulheres escravas e forras, a dinâmica cultural da sociedade escravista, ver:

ALGRANTI, Leila Mezan. *O feitor ausente: estudos sobre a escravidão urbana no Rio de Janeiro — 1808-1822*. Petrópolis, Vozes, 1988.

BEZERRA NETO, José Maria. *Escravidão negra no Grão-Pará, séculos XVII-XIX*. Belém, Paka-Tatu, 2001.

_____ & GUZMÁN, Décio de Alencar. (orgs.) *Terra matura: historiografia & História Social na Amazônia*. Belém, Paka-Tatu, 2002.

CARVALHO, Marcus J. M. de. *Liberdade — Rotinas e rupturas do escravismo no Recife, 1822-1850*. Recife, UFPE, 1998.

CASTRO, Hebe Maria Mattos de. *Das cores do silêncio: os significados da liberdade no Sudeste escravista — Brasil século XIX*. Rio de Janeiro, Arquivo Nacional, 1995.

CHALHOUB, Sidney. *Visões da liberdade — Uma história das últimas décadas da escravidão na Corte*. São Paulo, Companhia das Letras, 1990.

FARIA, Sheila de Castro. "Sinhás pretas: acumulação de pecúlio e transmissão de bens de mulheres forras no sudeste escravista (sécs. XVIII-XIX)". In: SILVA, F. C. T.; MATTOS, H. M. & FERAGOSO, J. (orgs.) *História e educação — Homenagem à MariaYeda Leite Linhares*. Rio de Janeiro, Faperj/ Mauad, 2001, pp. 289-329.

FIGUEIREDO, Luciano Raposo de Almeida. *O avesso da memória — Cotidiano e trabalho da mulher em Minas Gerais no século XVIII*. Rio de Janeiro/ Brasília, José Olympio/Edunb, 1993.

FURTADO, Júnia Ferreira. *Chica da Silva e o contratador dos diamantes — O outro lado do mito*. São Paulo, Companhia das Letras, 2003.

PAIVA, Eduardo França. *Escravidão e universo cultural na Colônia — Minas Gerais, 1716-1789*. Belo Horizonte, EdUFMG, 2001.

_____ & ANASTASIA, Carla Maria Junho. (orgs.) *O trabalho mestiço — Maneiras de pensar e formas de viver, séculos XVI a XIX*. São Paulo/Belo Horizonte, Annablume/PPGH-UFMG, 2002.

OLIVEIRA, Maria Inês Cortes de. *O liberto, o seu mundo e os outros — Salvador, 1790-1890*. São Paulo, Corrupio/CNPq, 1988.

REIS, João José. *Rebelião escrava no Brasil — A história do levante dos malês (1835)*. São Paulo, Brasiliense, 1986.

SILVA, Alberto da Costa e. *Um rio chamado Atlântico — A África no Brasil e o Brasil na África*. Rio de Janeiro, Nova Fronteira/UFRJ, 2003.

SOUZA, Laura de Mello e. *Norma e conflito — Aspectos da história de Minas no século XVIII*. Belo Horizonte, EdUFMG, 1999.

Sobre economia e escravidão e tráficos externo e interno de escravos, ver:

ARRUDA, José Jobson de Andrade. *O Brasil no comércio colonial*. São Paulo, Ática, 1980.

CARDOSO, Ciro Flamarion S. *Escravo ou camponês? O protocampesinato negro nas Américas*. São Paulo, Brasiliense, 1987.

CHAVES, Cláudia Maria das Graças. *Perfeitos negociantes: mercadores das Minas setecentistas*. São Paulo, Annablume, 1999.

CONRAD, Robert Edgar. *Tumbeiros — O tráfico de escravos para o Brasil*. (Tradução de Elvira Serapicos) São Paulo, Brasiliense, 1985.

FLORENTINO, Manolo Garcia. *Em costas negras: uma história do tráfico atlântico de escravos entre a África e o Rio de Janeiro (séculos XVIII e XIX)*. Rio de Janeiro, Arquivo Nacional, 1995.

FRAGOSO, João Luís Ribeiro. *Homens de grossa aventura: acumulação e hierarquia na praça mercantil do Rio de Janeiro (1790-1830)*. Rio de Janeiro, Arquivo Nacional, 1992.

GRAÇA FILHO, Afonso Alencastro. *A princesa do Oeste e o mito da decadência de Minas Gerais — São João del Rei (1831-1888)*. São Paulo, Annablume, 2002.

_____ & LIBBY, Douglas Cole. *A economia do Império brasileiro*. São Paulo, Atual, 2004.

LIBBY, Douglas Cole. *Transformação e trabalho em uma economia escravista — Minas Gerais no século XIX*. São Paulo, Brasiliense, 1988.

LUNA, Francisco Vidal & CANO, Wilson. "Economia escravista em Minas Gerais". Cadernos IFCH/Unicamp. Campinas, 10, 1983.

PAIVA, Eduardo França. *O ouro e as transformações na sociedade colonial*. São Paulo, Atual, 1998.

Sobre relações de poder na sociedade escravista, resistência escrava, movimentos sociais e revoltas, violência e universo escravista e movimento abolicionista, ver:

GEBARA, Ademir. *O mercado de trabalho livre no Brasil*. São Paulo, Brasiliense, 1986.

GRINBERG, Keila. *O fiador dos brasileiros — Cidadania, escravidão e direito civil no tempo de Antonio Pereira Rebouças*. Rio de Janeiro, Civilização Brasileira, 2002.

LARA, Silvia Hunold. *Campos da violência; escravos e senhores na capitania do Rio de Janeiro — 1750-1808*. Rio de Janeiro, Paz e Terra, 1988.

MACHADO, Maria Helena P. T. *Crime e escravidão*. São Paulo, Brasiliense, 1987.

PAIVA, Eduardo França. *Escravos e libertos nas Minas Gerais do século XVIII — Estratégias de resistência através dos testamentos*. São Paulo, Annablume, 1995.

REIS, João José. *Rebelião escrava no Brasil — A história do levante dos malês (1835)*. São Paulo, Companhia das Letras, 2003.

_____ & GOMES, Flávio dos Santos. *Liberdade por um fio — História dos quilombos no Brasil*. São Paulo, Companhia das Letras, 1996.

_____ & SILVA, Eduardo. *Negociação e conflito — a resistência negra no Brasil escravista*. São Paulo, Companhia das Letras, 1989.

Sobre escravidão rural, escravidão indígena, demografia escrava, famílias escravas e substituição do trabalho escravo pelo livre:

GUTIÉRREZ, Horácio. *"Crioulos e africanos no Paraná, 1798-1830". Revista Brasileira de História*. São Paulo, 8, pp. 161-188, 1988.

MARQUESE, Rafael de Bivar. *Administração & escravidão — Ideias sobre a gestão da agricultura escravista brasileira*. São Paulo, Hucitec, 1999.

METCALF, Alida C. *"Vida familiar dos escravos em São Paulo no século XVIII: o caso de Santana de Parnaíba". Estudos Econômicos*. São Paulo, IPE/USP, 2, pp. 229-243, 1987.

MONTEIRO, John. *Negros da terra: índios e bandeirantes nas origens de São Paulo*. São Paulo, Companhia das Letras, 1994.

MOTA, José Flávio. *Corpos escravos, vontades livres: estruturas de posse de cativos e famílias escravas em um núcleo cafeeiro (Bananal, 1801-1829)*. Tese de doutorado. São Paulo, USP, 1990.

PAIVA, Clotilde Andrade; LIBBY, Douglas Cole & GRIMALDI, Márcia. "Crescimento da população escrava: uma questão em aberto". In: *Anais do IV Seminário sobre economia mineira*. Belo Horizonte, Cedeplar/UFMG, 1988, pp. 11-32.

PASSOS SUBRINHO, Josué Modesto dos. "Desagregação do escravismo e transição para o trabalho livre na Província de Sergipe". *Estudos Econômicos*. São Paulo, IPE/USP, 3, pp. 465-493, 1994.

SCHWARTZ, Stuart B. *Segredos internos; engenhos e escravos na sociedade colonial — 1550-1835*. (Tradução de Laura Teixeira Motta) São Paulo, Companhia das Letras/CNPq, 1988.

Obras de cunho geral e comparativo; obras citadas no texto.

ESCHWEGE, W. L. von. *Pluto Brasiliensis*. (Tradução de Domício de Figueiredo Murta) Belo Horizonte/São Paulo, Itatiaia/Edusp, 1979. 2 v.

KLEIN, Herbert S. *Escravidão africana — América Latina e Caribe*. (Tradução de José Eduardo de Mendonça) São Paulo, Brasiliense, 1987.

MATTOSO, Kátia M. de Queirós. *Ser escravo no Brasil*. (Tradução de James Amado) São Paulo, Brasiliense, 1988.

SLENES, Robert W. *Na senzala uma flor; esperanças e recordações na formação da família escrava — Brasil Sudeste, século XIX*. Rio de Janeiro, Nova Fronteira, 1999.

WALSH, Robert. *Notices of Brazil in 1828 and 1829*. Londres, Frederick Westly and A. H. Davis, 1830. 2 v. (*Notícias do Brasil*. (trad.) Belo Horizonte/São Paulo, Itatiaia/Edusp, 1985.)